연예 직업의 발견

연예 직업의 발견

'엔터테인먼트 동네'가 먹고사는 법

1판 1쇄 발행 2017년 11월 3일

지은이 장서윤
펴낸이 이민선
책임편집 홍성광
디자인 박은정, 최선미
경영기획 이해진
제작 호호히히주니 아빠
인쇄 삼조인쇄

펴낸곳 틈새책방
등록 2016년 9월 29일
주소 08355 서울특별시 구로구 개봉로1길 170, 101-1305
전화 02-6397-9452
팩스 02-6000-9452
홈페이지 www.teumsaebooks.com
페이스북 www.facebook.com/teumsaebook
블로그 www.naver.com/teumsaebooks
포스트 m.post.naver.com/teumsaebooks
전자우편 teumsaebooks@gmail.com

ISBN 979-11-959760-6-5 14320
ISBN 979-11-959760-7-2 14320 (세트)

이 도서의 국립중앙도서관 출판예정도서목록(CIP)은 서지정보유통지원시스템 홈페이지(http://seoji.nl.go.kr)와 국가자료공동목록시스템(http://www.nl.go.kr/kolisnet)에서 이용하실 수 있습니다.
(CIP제어번호: CIP2017026772)

장서윤 **지음**

당신의 밥벌이 —— 01

연예 직업의 발견

'엔터테인먼트 동네'가 먹고사는 법

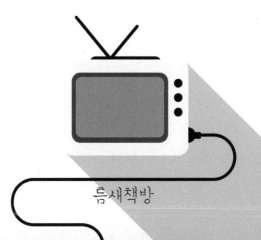

틈새책방

프롤로그

처음 엔터테인먼트 업계 기자로서 첫발을 디뎠을 때 놀란 점은 트렌드를 선도하고, 부가가치가 높은 산업임에도 불구하고, 업계 전반에 대한 분석이나 정리는 상당히 부족하다는 부분이었다. 물론 지난 10년 동안 엔터테인먼트 관련 학과도 다수 생기고, 산업에 대한 정리 작업도 많이 이뤄졌다. 그러나 여전히 엔터테인먼트 업계 직업에 대한 정리는 미흡한 상태로 남아 있음을 발견했다.

엔터테인먼트 업계는 변화가 빠르고 트렌드를 이끄는 분야다. 이 책을 준비하는 1년여의 기간 동안 인터뷰이 중에 직업을 바꾸거나 회사를 옮긴 사람들도 몇몇 있었고, 외부 상황이 달라지면서 준비했던 프로젝트를 변경한 사람도 있었다. 업계에서는 예상할 수 있는 변화이기에 그리 놀랄만한 일은 아니었다.

현대 사회는 '직장'이 중요한 게 아니라 '직무능력'이 중요한 시대라고들 한다. 엔터테인먼트 분야는 그런 직무능력이 필수적인 분야다.

업계에서 멋지게 활약하는 스무 명에 가까운 인물들을 직접 만나 인터뷰하면서 엔터테인먼트 동네가 끊임없는 자기계발이 중요한 곳이라는 사실을 새삼 깨닫는다. 그들은 하나같이 엔터테인먼트 업계는 대중들에게 꿈을 파는 산업이지만 환상을 좇아가진 말라고 조언한다.

부디 부족한 이 책이 엔터테인먼트 업계를 지망하는 이들에게 작은 길잡이가 되기를 바란다.

2017년 11월

장서윤

《연예 직업의 발견》은 엔터테인먼트와 관련된 직업에 대한 정보와 그 직업에 종사하고 있는 사람들의 솔직하고 현실적인 조언을 담은 책이다. 연예계를 대표하는 직업 16가지 직종을 선택해 그 직업에 입문하기 위해 갖춰야 할 능력, 실제로 하는 일, 근무 조건, 향후 전망을 꼼꼼하게 취재해 정리했다. 특히 현직에 종사하는 전문가들의 이야기를 듣는 인터뷰는 이 책의 하이라이트다. 취업 과정과 만족스러운 직장 생활을 하기 위한 조언을 담았다.

이 책에서는 각 직업마다 TEASER TRAILER, PILOT PROGRAMME, STAR, REVIEW, RATINGS 등 다섯 가지 요소로 관련 정보를 취합하고 정리했다. 하나의 프로그램이 제작, 방송, 소비되기까지 만날 수 있는 요소를 잣대로 해당 직업을 소개했다. 이 흐름을 염두에 두고 읽는다면 이 책이 제공하는 정보를 손쉽게 정리할 수 있을 것이다.

TEASER TRAILER

예고편 영상처럼 직업의 핵심 정보를 간략하게 요약해서 보여준다. 간단한 업무 소개, 급여, 필요한 어학 능력 및 자격증을 한눈에 알아볼 수 있도록 정리했다.

PILOT PROGRAMME

직업에 대한 전반적인 정보를 본격적으로 탐구한다. 실질적인 업무 내용, 채용 방식을 개괄한다. 직업에 대해 막연히 가지고 있던 이미지를 구체화할 수 있는 정보를 정리했다.

STAR

해당 직종에서 롤모델이 될 만하고, 취업 준비에 참고가 될 수 있는 인물을 뽑아 인터뷰했다. 직업 입문 과정, 직업인으로서의 성장, 장애물 극복 경험 등을 들었다. 취업을 준비 중인 이들에게 매우 현실적인 조언이 될 것이다.

REVIEW

해당 직업을 가장 가까이 지켜본 저자가 제3자 입장에서 냉철하게 분석한다. 직업의 장점과 단점, 향후 전망을 이야기한다. 때로는 인터뷰이와는 다르게 매우 비관적으로

이야기할 때도 있다. 저자의 분석을 참고하면서 자신이
이 직업에 도전할 것인지 여부를 판단해보자.

RATINGS

급여 수준, 취업 난이도, 향후 전망, 업무 강도, 업무 만족
도를 그래픽으로 정리했다. 정곡을 찌르는 저자의 한 줄
평도 도움이 될 것이다.

ON AIR

연예 직업의 발견

예능 PD

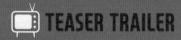 **TEASER TRAILER**

업무 개요	국내·외 예능 프로그램 기획 및 연출
급여 수준	연봉 3,800~4,000만 원대 • 방송사 신입 PD 기준
채용 방식	공개 채용 또는 수시 채용
요구 어학 능력	영어
우대 경력	방송 연출 관련 경력(FD, 조연출 등)

📺 PILOT PROGRAMME

예능 PD는 최근 10년 사이에 국내 방송가에서 가장 각광받는 직종으로 떠오르고 있다. 예능 프로그램에 대한 관심이 높아지면서 이를 연출한 PD까지 대중의 인기를 끌고 있다.

예능 PD를 찾는 곳도 늘어났다. 최근에는 공중파 방송사 뿐만 아니라 연예 기획사에서 예능 PD를 직접 채용해 프로그램을 만들기도 하고, MCN〔멀티 채널 네트워크〕 등의 뉴미디어에서도 예능 PD를 고용한다.

해외 시장에서도 한국 예능 프로그램에 대한 반응이 좋아 국내 예능 PD들의 선택지가 점점 넓어지고 있다. 기획과 포맷이 우수해 아시아권 국가에 한국의 예능 프로그램이 수출되거나 공동 제작하는 사례가 잦아진 것. 2017년 사드〔THADD, 고고도 미사일 방어 체계〕 배치와 이에 따른 중국 정부의 보복 조치로 중국 시장에서 한국 예능 프로그램의 인기가 주춤하고 있지만, 중국판 '런닝맨'인 '달려라 형제'

가 2015년 중국 예능 프로그램 사상 최고 시청률을 경신했다. 또한 베트남과 공동 제작한 '오 마이 베이비'도 큰 성공을 거뒀다.

다양해진 예능 PD의 길

예능 PD가 되는 방법에는 크게 세 가지가 있다. 첫째는 KBS, MBC, SBS, tvN 등 방송사 공개 채용 시험에 응시하는 방법이다. 1년에 한 번 채용 시험이 있는데, 보통 5명 내외의 예능 PD를 선발한다. 때에 따라서는 방송사 사정으로 채용이 아예 없는 해도 있다.

전형은 크게 필기시험과 실습 테스트, 면접으로 이뤄진다. 필기시험은 상식, 논술과 작문, 기획안 테스트로 구성된다. 상식 시험은 주로 대중문화계 이슈에 대해 출제되고, 논술과 작문에서는 즉흥 주제를 설득력 있게 풀어내야 한다. 예를 들어 2014년 SBS 예능 PD 필기시험 작문 주제는 이랬다.

'당신이 셰어하우스에서 아래에 제시된 3명 중 1명과 함께 같은 방에서 생활하게 됐다. 이 사람들 중 한 명을 골라 만남부터 이별까지의 과정을 자유롭게 쓰시오.

제시 인물: 엘사, 이순신, 도민준('별에서 온 그대' 주인공)'

이 같은 필기시험에 통과하면 실습 테스트를 거친다. 방송사에 따라 다르지만 길게는 한 달가량 직접 방송 현장에 투입된다. 변화가 빠르고 노동강도가 센 방송 시스템에서 가장 적합한 인재를 찾기 위한 방송사의 자구책으로 보인다.

두 번째는 외주 제작사에 입사하는 길이다. 예능 프로그램을 제작하는 국내 외주 제작사는 수십여 곳에 이르는데, 규모에 따라 공개 채용나 수시 채용을 실시한다. 방송사에 비해 필기시험 비중을 덜 두고, 어학 능력을 크게 따지지 않는다. 그보다는 실전 경험을 중시하는 경향이 있다. 외주 제작사는 전반적으로 방송사에 비해 급여 수준이 낮은 편이고 이직률이 높다. 상황에 따라서는 프리랜서 신분의 예능 PD를 고용하는 경우도 있다.

세 번째는 뉴미디어 채널에서 활동하는 방법이다. 최근에는 '메이크어스' 같은 MCN 기업에서도 예능 PD를 채용하기도 한다. 보통 이런 경우에는 경력직을 선호하는 편이다. 하지만 주눅이 들 필요는 없다. 중요한 것은 기획력이다. 요즘처럼 누구나 크리에이터가 될 수 있는 시대에는 질 좋은 콘텐츠를 제작할 수 있다면 어디에서든 눈에 띌 수 있다. 이름난 방송사에서 예능 PD로서 활동하고 싶다는 고집만 버린다면, 기회는 얼마든지 있다는 의미다. 팟캐스트에서 인기를 끈 '김생민의 영수증' 같은 프로그램이 방송 프로그램으로 탄생한 것이 대표적인 사례다.

STAR

나영석 PD

더 이상 수식어가 필요 없다. KBS 2TV '해피선데이-1박 2일'을 시작으로 '꽃보다 할배', '삼시세끼', '알아두면 쓸 데없는 신비한 잡학사전' 등 손대는 프로그램마다 성공이다. 그야말로 예능 PD로서 전성기를 보내고 있다.

나영석 PD는 2001년 KBS 27기 공채 프로듀서로 입사해 예능 PD가 됐다. KBS '출발 드림팀', '산장미팅 장미의 전쟁', '스타 골든벨'의 조연출을 거쳐 '해피선데이-1박2일'을 연출하며 스타 PD로 떠올랐다. 2013년 1월 2일 CJ E&M으로 이적했다. 2009년 한국PD대상 작품상, 2011년 한국방송대상 작품상(TV 예능 부문)을 수상했다.

TIP 1. 대학 시절, 삶의 방향을 정했던 시간

나영석 PD는 자신에 대해 "평범하지만 목적의식이 뚜렷했던 학생"이었다고 말한다. "어릴 적에 눈에 띄는 아이는 아니었어요. 그저 사람들을 관찰하는 걸 좋아하는 평범한 학생이었죠."

"삶의 방향이 정해진 건 대학 시절 연극반 활동을 하면서였어요. 어떤 방향이든 세상을 좀 더 나은 방향으로 바꾸고 싶다는 생각을 했어요. MBC 김영희 PD가 만든 공익 예능의 영향을 많이 받았어요. 자동차 정지선 지키기, 책을 읽읍시다, 외국인 노동자들에 대한 이슈를 예능 프로그램이 던지는 것을 보면서 무엇을 하든 좋은 영향을 미치고 싶다는 생각을 하게 됐어요."

이런 생각은 그가 만드는 프로그램에도 고스란히 묻어났다. '삼시세끼'에서 드러나는 삶의 속도에 대한 고민, '꽃보다 할배'에서 볼 수 있는 노년의 지혜, '알아두면 쓸데없는 신비한 잡학사전'의 역사와 사회에 대한 통찰력 등 그의 프로그램에서는 메시지가 있다.

나 PD는 '삼시세끼'의 예를 들어, 대학 때 자신이 고민했던 방향성을 예능 프로그램 제작 과정에 어떻게 녹여내려 노력했는지를 설명했다. 예능 프로그램의 본령은 재미 추구이지만, 그 과정에서 명확한 메시지를 던질 수 있어야 한다는 게 그의 요지다.

예능 PD로 전성기를 보내고 있는 나영석 PD ⓒ 정소희

"'삼시세끼' 같은 프로그램은, 몇 년 전부터 떠올린 구조예요. 물론 지금과 같은 모습은 아니었어요. KBS 2TV '인간의 조건'이 개그맨들에게 미션을 준 다음 일주일 동안 쫓아다니는 프로그램이었는데, 이렇게 일상의 호흡으로 이야기를 풀어가는 데 관심이 생겼어요. 그리고 '굉장히 도회적인 사람들에게서 도회적인 분위기를 다 빼고 지방에 던져놓으면 어떨까'라는 생각이 있었고요. 여기에 요즘 사람들이 많이 관심을 가지는 '휴식'이라는 코드를 넣어, 아무것도 안 하고 밥만 해먹는 프로그램을 하나 만들자는 데 의견이 모아졌죠."

TIP 2. 인간의 다차원적 모습에 주목하라

'하늘 아래 새로운 건 없다'는 이야기는 기획자들 사이에서 명언처럼 내려오는 말이다. 시대와 트렌드에 맞게 기존의 것들을 새로운 시각에서 보는 게 관건이라는 이야기다. 그렇다면 이 시대의 예능 PD는 새로운 시각을 갖기 위해 어떠한 자질을 갖춰야 할까. 나 PD는 '사람에 대한 통찰력'을 강조했다.

"여행 프로그램을 짠다고 하면, 예전에는 어떤 미션을

하는지, 어떤 게임을 하는지, 거기에서 어떤 재미와 극한 상황을 뽑아낼 수 있을까가 주된 작업이었다면, 지금은 그런 것들이 크게 중요하지 않습니다. 오히려 '누가 갈 건데?'가 약 80퍼센트의 비중을 차지해요. 가서 어떻게 할 것인가는 출연자가 알아서 하는 거니까요. 예를 들어 귀농 생활을 꿈꾸는 이계인 씨가 현재와 동일한 설정의 '삼시세끼'에 출연한다면 전혀 다른 프로그램이 될 거예요. 결국 '누가'가 중요하고, 그 사람을 통해 무엇을 보여줄 것인가가 중요합니다."

물론 이런 능력이 하루아침에 길러지는 것은 아니다. 인간에 대한 애정을 바탕으로 무엇을 보여줄지 끊임없이 생각하는 훈련을 해야 한다. 나영석 PD에게는 본인 나름의 방법이 있다. 바로 인간의 다차원적 모습에 주목하는 것이다.

"저는 매력적인 사람을 고르려고 해요. 매력적이란 건 여러 의미가 있겠지만, 개성이 뚜렷한 사람일 겁니다. 사람들은 모두 여러 가지 모습을 가지고 있어요. 어떤 사람을 한마디로 표현하는 건 말이 안 돼요. 예를 들어 (이)승기는 '허당'이지만, 되게 똑똑하고 약을 때도 있어요. KBS

2TV '1박2일' 시절에는 그런 캐릭터가 단편적으로 구현 됐다면, 지금은 훨씬 더 복합적이죠. 이서진 씨도 착해 보이지만, 욕도 하고, 그러다 또 사람들을 잘 챙겨줍니다. 사실 우리 모습이 다 그렇지 않나요? 누군가에게 무척 친절하다가도, 어떤 사람에게는 나도 깜짝 놀랄 정도의 악의를 보여주기도 해요. 그게 보통 사람의 모습이라고 봅니다. 그런 다층적인 면을 보여주려고 해요. 여기에 기본적으로 선한 사람과 함께하려고 하죠."

TIP 3. 협업이 당신을 구하리니!

'네트워크의 시대'라는 이야기가 종종 흘러나온다. 각기 다른 사람들과 어떻게 협업하느냐가 성공의 관건이라는 의미다. 예능 PD 또한 '협업의 미학'이 가장 잘 구현돼야 하는 직업이다.

"예능 프로그램 하나를 만드는 데, 많게는 70~80명의 스태프가 움직여요. 어느 한 사람도 필요하지 않은 부분이 없어요. 각자의 역할을 존중하고, 인정하고, 조율할 수 있는 자세가 중요합니다. 만일 누군가가 실수를 하거나, 처음부터 원하는 결과물을 내지 못하더라도, 항상 팀의

┃인간의 다차원적 모습을 잘 보여주는 배우 이서진 © tvN

일원임을 일깨워주고 도와주려는 모습이 좋은 결과로 이어집니다."

실제로 아이디어를 내는 데도 '집단 지성'이 큰 힘을 발휘한다. "'삼시세끼'를 기획하던 무렵에는 제작진과 '휴식'에 대한 이야기를 많이 했어요. 요즘 사람들은 너무 지쳐서 모두들 휴식을 원하는데, 그 휴식이 어디에 가서 뭘 하고 뭘 먹고가 아니라 '그냥 아무것도 안 하는' 걸 의미한다는 걸 후배 PD, 작가들과의 대화를 통해 알게 되고 프로그램을 기획하게 됐어요. '알아두면 쓸데없는 신비한 잡학사전' 또한 팟캐스트를 통해 지식과 정보를 얻는다는 후배들의 얘기가 프로그램 기획의 출발점이 됐죠." 결국 예능 PD는 훌륭한 기획자이자 조율자가 돼야 한다는 얘기다.

TIP 4. 출연자가 즐거워야 한다

나 PD에게는 예능 프로그램 제작 원칙이 있다. 무엇보다 함께하는 사람들이 '즐거워야 한다'는 점이다. 흥미와 재미가 예능 프로그램의 목표이니만큼 출연자와 제작자의 기쁨이 프로그램에 고스란히 훈습되어야 한다는 의미일 것이다.

"'꽃보다 할배' 촬영을 할 때 무엇보다 중요하게 생각한 건, 여행 후 선생님들이 '하길 잘했다'고 느끼실 수 있게 만드는 거였어요. 실제 여행을 가서 기뻐하고 진심으로 즐겨야만 프로그램도 잘될 것이라고 생각했거든요. 선생님들이 불편하시다면 그건 여행이 아니라 일이 될 테니까 정말로 즐겨주시길 바랐어요. 프로그램 출연자를 섭외할 때 그런 원칙을 세우는 편입니다."

그는 앞으로의 예능 프로그램이 '인간극장'과 같은 다큐멘터리처럼 진화할 것이라고 예측한다. "현재 리얼리티물(物)이 전반적으로 연예인을 주인공으로 내세우는 가운데, 이제 셰프, 그러니까 준(準)연예인으로까지 내려온 것 같아요. 일반인과 연예인의 중간 단계인 것인데, 아마 조금 더 시간이 지나면 훨씬 더 일반인에 가까워질 거라고 생각해요. 실제로 미국이나 유럽을 살펴봐도 연예인이 리얼리티 쇼에 출연하는 건 흔치 않아요. 서바이벌 프로그램도 대부분 일반인들이 출연해요. 때문에 '평범한 사람들이 주는 공감 요소'에 더 집중할 필요가 있다고 봅니다."

 **REVIEW**

예능 PD는 업무 강도가 굉장히 높은 직업 중 하나다. 시청자 입장에서도 그게 느껴질 때가 있다. '꽃보다 할배', '윤식당', '삼시세끼', '알아두면 쓸데없는 신비한 잡학사전'을 시청하다가, 해외와 국내를 쉴 새 없이 오가는 나영석 PD를 볼 때면 개인 시간이 얼마나 있을지 이따금 궁금해질 때가 있었다. 기획, 섭외, 촬영, 편집이 계속 이어지는 삶이 정신없이 이어지다 보면 언제인가 갑자기 멈출 때가 있지 않을까, 어쩌면 그를 비롯한 제작진들이 '아무것도 하지 않는 삶'을 원해 '삼시세끼'라는 프로그램을 만들어 대리만족을 느낀 것은 아닐까 생각했다. 실제 그렇기도 했고.

이런 어려움에도 불구하고 예능 PD라는 직업은 퍽 매력적이다. 프로그램을 통해 웃음과 의미까지 던져주며 대중에게 영향력을 미칠 수 있고, 창의적인 결과물을 손에 쥐는 희열을 맛볼 수도 있다. 해외 진출 기회가 점점 늘고 있다는 점도 예능 PD들에겐 호재다. 중국판 '런닝맨'인 '달려라 형제'는 SBS 런닝맨 제작팀의 40퍼센트가 중국으로 직접 가서 제작해, 중국 예능 프로그램 사상 최고 시청률을 경신했다. 베트남에서도 공동 제작 프로그램인 '오 마이 베이비'가 문화적 차이를 딛고 제작에 성공해 큰 인기를 얻었다. SBS 예능 프로그램의 해외 수출을 진두지휘한 김용재 PD는 "중국 콘텐츠 시장은 최근 연 8퍼센트씩 성장하고 있고 총 시장 규모가 190조 원(한국은 14조 원)에 달합니다. 베트남이나 미얀마 등 다른 아시아 국가도 방송 산업이 빠른 성장세에 있어요"라고 말한다. 해외 시장은 충분히 열렸다는 이야기다.

다행히 예능 PD로 입문하는 방식도 이전에 비해 매우 다양해져서 예비 예능 PD들에게는 행운과도 같은 상황이다. 2000년대 초반만 해도 예능 PD가 되려면 공중파 방송사 취업 외에는 길이 없었지만, 이제는 외주제작사는 물론 뉴미디어에서도 예능 PD를 필요로 하고 있다.

예능 PD로서의 자질과 자신감이 충분하다면, 어느 자리라도 도전해볼 것을 권한다. '제2의 나영석'이 당신이 될 수 있으니까 말이다.

 **RATINGS**

급여 수준	

PD 입문 후 프로그램의 성공 여부에 따라 얼마든지 업그레이드가 가능하다.

취업 난이도	

방송사 공개 채용만을 희망한다면 바늘구멍처럼 느껴질 수도 있다.

향후 전망	

능력에 따라 해외 진출 기회는 점점 늘고 있다.

업무 강도	

방송 시스템이 바뀌지 않는 이상 바쁠 수밖에 없다.

업무 만족도	

프로그램에 대한 열정이 높다면 만족도는 더 높아질 것.

연예 직업의 발견

드라마 PD

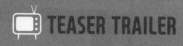

TEASER TRAILER

업무 개요	드라마 기획 및 연출
급여 수준	연봉 3,800~4,000만 원대 • 방송사 신입 PD 기준
채용 방식	공개 채용 또는 수시 채용
유용한 외국어	영어, 중국어, 일본어
우대 경력	FD, 조연출 등 방송 연출 관련 경력

PILOT PROGRAMME

PD(Producer)의 사전적 의미는 '제작자'다. 작품의 기획부터 연출, 인력 및 예산 관리 등을 총괄한다는 의미다. 하지만 TV 드라마의 경우, 연출을 담당하는 프로듀서와 제작 전반을 총괄하는 프로듀서로 역할이 구분되어 있다. 연출자는 프로그램의 기획과 연출에 집중하고, 제작 프로듀서는 인력 관리와 예산을 담당한다.

드라마 PD가 될 수 있는 세 가지 방법

드라마 PD가 되는 방법은 크게 세 가지다. 우선 KBS, MBC, SBS, tvN 등 방송사 공채 시험 응시. 방송사 공채 시험은 경쟁률도 높고 까다로운 편이다. 보통 1년에 단 한 번 있는 공개 채용 시험에서 선발되는 드라마 PD는 방송사당 2~5명 수준에 불과하다. 전형 과정은 점점 복잡해지고 있다. PD의 경우, 필기와 면접을 통과하면 몇 주가량의 실전 테스트를 받는 경우가 많다. 필기시험은 상식,

논술, 작문, 기획안 테스트로 이뤄진다. 정해진 시간 안에 즉흥 주제로 작문을 하고, 기획안을 완성해야 한다. 실전 테스트에서는, 노동강도가 세고, 빠르게 돌아가는 촬영 현장에서 실제로 적응할 수 있는지를 지켜본다. 보통 방송 현장에 투입돼 몇 주간 테스트를 받는다. 방송사 입장에서는 PD로 뽑은 후에도 높은 노동강도와 빡빡한 스케줄로 인해 중도에 그만두는 경우를 막기 위한 방책이다.

두 번째 방법은 외주 제작사 PD로 입사하는 것이다. 외주 제작사의 경우도 방송사 공채와 크게 다르지는 않으나 방송사보다는 시험이 간소하다. 기존 방송사에서 요구하는, 소위 '스펙'을 따지지 않는다는 이야기다. 다만 실제 현장에서 얼마나 능력을 발휘할 수 있는지를 중점적으로 살펴본다. 그래서 신입의 경우에는 실전 테스트를 중시하고, 경력직인 경우에는 기획력과 현장 경험을 중요하게 생각한다.

세 번째 방법은 다양한 경력을 쌓다가 PD로 입봉하는 것이다. CF 감독, 영화 연출부 등 여타 제작 분야를 담당하다가 드라마 제작 담당자의 눈에 띄어 드라마 PD로 발탁되는 경우가 있다. 경력직이니 어떤 포트폴리오를 갖고 있느냐가 무엇보다 중요하다.

　최근에는 업계 환경이 급변하면서 드라마 제작이 방송국에서 외주 제작사로 중심축이 옮겨지는 추세다. 그래서 과거에는 주로 방송사에 입사한 다음 조연출을 거쳐 PD가 되는 경우가 많았지만, 최근 10여 년 사이에는 외주 제작사들이 뛰어난 작품을 많이 만들어내면서 처음부터 외주 제작사에 입사해 PD가 되는 사례가 흔해졌다. 방송사 출신 PD들마저 어느 정도 경력과 인지도를 쌓은 후 외주 제작사로 몸을 옮기는 경우가 다수 생기고 있다. PD들은 입사 후 대부분 5~7년간 조연출 생활을 거치고 나서 정식 PD로 입봉한다.

스펙보다 기획력

드라마 PD 채용은 일반 기업과 마찬가지로 공개 채용과 수시 채용으로 이뤄진다. 최근 방송사 공개 채용은 대부분 학력 기준을 폐지했으며 이력서와 자기소개서, 어학 점수를 기준으로 서류를 심사하고 면접을 본다. 학점이나 어학 점수는 당락을 크게 좌우하지는 않는다. 오히려 방송 제작 관련 경력이나 다양한 경험이 입사 시험에 유리하게 작용한다. 학력 기준은 폐지됐지만 현직에 있는 PD들은 대부분 4년제 대학 출신이다. 전공은 무관하다. 영상 관련 학과를 졸업할 경우 미리 실무를 익힐 수 있다는 장점이 있지만, PD의 생명은 '기술력'이 아닌 '기획력'인 만큼 인문학적 통찰력이 있는 문과 졸업생들이 현재 방송사 PD들의 다수를 차지하고 있다.

수시 채용도 종종 이뤄진다. PD로서 1년 이상 경력이 쌓이면 다른 방송사나 제작사로의 이동이 가능하다. 수시 채용의 경우 대부분 이전에 제작한 프로그램을 포트폴리오로 제출한다.

STAR

홍종찬 PD

2016년 tvN 드라마 '디어 마이 프렌즈'로 시청자들에게 묵직한 감동을 선사한 홍종찬 PD는 원래 영화 연출을 지망했던 '씨네키드'였다. 대학 입학 후 영화에 큰 매력을 느껴 영상학과로 전과한 그는, 졸업 후 2003년부터 단편영화 연출부에서 일하며 경력을 쌓았다. "영화 일을 하면서도 다양한 방면의 경험을 쌓는 게 좋다는 생각에 간간이 CF, 뮤직 비디오를 제작했어요. 그러다 우연히 드라마 작업을 제안받고 하게 됐는데, 이렇게 지금까지 오게 됐네요."

처음 그가 조연출로 합류한 작품은 SBS '비천무'다. 이 작품이 인연이 돼 '비천무'의 연출자 윤상호 PD의 제안을 받아, MBC '태왕사신기' '탐나는도다' 조연출을 잇따라 맡았다. 이후 SBS '검사 프린세스' '시티헌터' '주군의 태양', JTBC '빠담빠담…그와 그녀의 심장박동 소리' 등을

❚ '디어 마이 프렌즈'를 연출한 홍종찬 PD ⓒ 이영훈

공동 연출했다. 첫 단독 연출작은 tvN '마이 시크릿 호텔'이고, '디어 마이 프렌즈'는 두 번째 작품이다.

홍 PD는 '디어 마이 프렌즈'를 연출하기 전까지는 특별한 소속이 없이 프리랜서 PD로 활동했다. 보통 드라마 PD들이 독립할 만한 인지도를 얻기 전까지는 방송사나 외주 제작사에 소속돼 활동하는 것과는 다른 행보다.

"앞으로의 연출자는 매체에 구애받지 않고 가능한 한 여러 분야의 연출을 시도해보는 게 좋다고 생각합니다. 저는 오히려 소속 없이 활동해 온 것이 영화, 드라마, 웹드라마, CF, 뮤직 비디오 등 다양한 분야를 섭렵하는 데 도움이 됐다고 생각해요."

홍 PD가 이렇게 독자적으로 활동할 수 있었던 이유는 결국 업계에서 실력을 인정받았기 때문이다. 포트폴리오가 하나씩 쌓일 때마다 함께한 동료들에게 다음 작품을 같이 하자고 제안 받으면서 지금까지 오게 됐다는 것이다.

TIP 1. 백척간두에 선 듯한 긴장감, 즐겨야 한다

당초 영화학도였던 홍종찬 PD가 TV 연출자로 방향을 바꾼 이유는 'TV 매체가 주는 새롭고도 강렬한 힘' 때문이다.

"어느 날 우연히 '이것이 인생이다'라는 프로그램을 보게 됐어요. 실제 인물의 이야기를 드라마처럼 만들고 스튜디오에서 그의 이야기를 듣는 포맷이었는데 후천적으로 눈이 먼 사람이 가족의 생계를 책임지는 이야기였어요. 앞이 안 보이는 그의 직업은 양봉업자였고요. 사회자가 '어떻게 그 일을 하십니까?'라고 물으니 '마음으로 느낀다'고 답하더군요. 순간 한 대 맞은 기분이었어요. 대단한 작가주의 영화나 소설도 아니었는데, 잠깐 봤던 사람의 이야기가 마음에 쿡 오는 게 있었어요. '아, TV라는 게 이런 거구나.' 이렇게 잠깐 본 프로그램을 통해서도 좋은 생각을 할 수 있다는 점에서 가치가 있겠다는 생각을 했어요. 이야기에 임팩트가 있으면 좋은 프로그램을 만들 수 있다는 마음을 먹게 된 경험이었죠."

하지만 마냥 즐겁고 설레기만 한 것은 아니다. 매 순간 긴장하고, 두려움에 휩싸일 때도 많다. "이 업계는 사실 언제까지 할 수 있을지 수명을 예상할 수 없어요. 젊고 창의력 넘치는 인재들이 계속 나오는 곳입니다. 한순간 방송이 잘못되면 비난의 화살을 맞을 수도 있고 매일같이 시청률 압박에 시달리죠."

늘 달라야 한다는 압박감도 대단하다. 매번 장면을 어떻게 연출해낼지 고민해야 한다. "어떤 장면을 연출할 때 과연 이 장면을 시청자들이 어떻게 받아들일지 두려움을 안고 가야 하는 직업입니다. 배우들의 감정이 힘들 때도 두려움을 느끼죠. 하지만 그런 장면을 고심 끝에 무사히 촬영하면, 그때만 느낄 수 있는 성취감이 있습니다."

그가 새로움을 찾는 방법은 '현실에 기반을 두되 자신만의 시각으로 표현해 보는 것'이다. 매일 보던 사물도 관점을 달리해 보면 다르게 보이듯 '저걸 다르게 표현해 보면 어떨까'라는 궁금증을 지니고 항상 연습해야 한다.

TIP 2. 미안하다, 조연출의 자격은 여전히 열정이다

예능, 교양 등 여러 분야 중에서도 가장 '악명 높은' 곳이 바로 드라마 촬영 현장이다. 한국 드라마 방송 시스템상 보통 일주일에 60~70분 분량의 드라마 두 편을 만들려면, 일주일에 사흘 이상 밤을 새는 경우가 허다하다. 이 와중에 조연출은 말 그대로 슈퍼맨이 되어야 한다. 필요한 일은 뭐든지 해야 한다. 촬영 스케줄을 짜는 것부터 장소 섭외 점검, 출연자 관리, 촬영장 통제, 편집, 그 외 수많은 돌

발 상황에 대처하는 게 조연출의 일이다. 이렇게 5~7년의 조연출 생활을 거친 후 비로소 '드라마 PD'라는 타이틀을 얻는다.

홍 PD는 "감독이 판을 짜는 사람이면 조연출은 그 판이 돌아갈 수 있도록 어떤 것이든 해내는 사람이에요. 업계에서는 '조연출 출신이면 뭘 해도 먹고살 수 있다'는 말이 있어요. 그만큼 단련이 된다는 얘기죠"라고 말한다. 그가 말하는 '조연출의 요건'은 무엇보다 열정이다. 그는 "조연출은 연출보다 더 많은 열정이 있어야 해요. 자신이 하는 작품이 무엇이 됐든 즐기면서 열정을 다할 수 있는 사람이 돼야 하죠. 연출자를 도와주는 입장이기 때문에 체력과 열정이 연출자보다 더 필요합니다. 또 매 작품마다 자신의 모든 것을 쏟아내야 하기 때문에 작품에 대한 자부심 없이는 성장할 수가 없어요"라고 말한다.

그러나 자신의 조연출 생활을 돌아보면서 후배들에게는 '좀 더 삶을 즐기라'고 충고하기도 한다. "저는 사실 워커홀릭 스타일이었어요. 더 멋진 장면을 만들고 싶어서 동료들이 술을 마실 때도 혼자 편집실에 틀어박혀 밤을 새우고는 했죠. 그런데 돌아보니 '노는 것'에서도 창의력

❙ 2015년 SBS 드라마 '펀치' 촬영 현장.

조연출은 이 수많은 배우들을 현장에서 관리해야 한다. ⓒ 정소희

이 나오더라고요. 즐길 줄 모르면 이 일을 오래 할 수도 없고요. 놀 줄도 알아야, 그만큼 즐거움이 묻어난 작품이 탄생한다고 생각합니다."

TIP 3. 관찰력과 세심함이 최고의 자질이다

홍 PD는 지하철이나 버스를 많이 탄다. 이 시대 사람들이 어떻게 사는지를 관찰하기 위해서다. 홍 PD는 '관찰력'이 PD의 최우선 자질이라고 말한다. "이 세상의 모든 이야기는 '사람'에서 시작해요. 때문에 사람들을 살펴보는 관찰 능력은 PD들에게 가장 중요한 요건이라고 생각합니다. 어떤 사람을 봤을 때 '저 사람은 어떻게 살아왔을까'라는 근원적인 호기심이 필요하죠. 옷차림, 말과 행동거지를 살펴보면서 그가 어떻게 살아왔는지 또는 살아가는지를 보는 능력이 있어야 한다는 이야기죠. 판타지를 하든, 멜로를 하든, 시작은 동시대를 함께 살아가는 사람들이니까요. PD로서 '어떤 촬영 기법을 아는가'는 그다음 문제예요. 기술은 배우면 됩니다. 중요한 것은 기획과 연출력의 토대가 되는 관찰력입니다."

이를 위해서는 다양한 경험이 필요하다. 자신의 정서를

자극할 수 있는 영화, 음악, 여행은 마치 보물 창고처럼 필요할 때 끄집어 내 쓸 수 있는 자산이 되기 때문이다.

'세심함' 역시 드라마 PD가 반드시 갖춰야 할 자격 요건이다. 자신이 관찰한 것을 바탕으로 남들보다 디테일하게 구현해낼 수 있는 능력이 PD의 자질 중 중요한 요소라는 이야기다. "PD들 사이에서 '편집은 끝내는 것이 아니라 중단하는 것'이란 얘기가 있어요. 그만큼 자신만의 디테일을 살릴 수 있다면 PD로서 합격점이라고 생각합니다."

TIP 4. '잘 듣는 능력'의 중요성

불과 얼마 전까지만 해도 촬영장에서 연기자나 스태프들에게 호통을 치고 명령하며 현장을 이끄는 드라마 PD들이 있었다. 그러나 이제는 시대가 변했다. 수십 명에서 때로는 수백 명에 이르는 스태프와 배우들을 아우르기 위해서는 이른바 '서번트 리더십(Servant Leadership, 팀원들과 목표를 공유하고 성장을 도모하는 가운데 신뢰를 형성해 궁극적으로 조직의 성과를 달성하는 리더십)'의 핵심인 '잘 듣는 능력'이 중요하다.

홍 PD는 "연출부, 스태프, 연기자 들의 생각을 현장에서 잘 듣고 반영할 수 있는 능력이 중요합니다. 혼자만의

❙ '디어 마이 프렌즈' 제작 발표회. 이런 쟁쟁한 배우들을 구시대적 리더십으로 이끄는 건 벅찬 일이다. ⓒ 이영훈

작업이 아니기 때문에 끈기와 배려심이 필요하죠. 예전엔 저도 성격이 급해서 마음에 들지 않으면 화를 내고는 했는데, 여러 작업을 거치며 많이 다듬어졌어요"라고 조언한다.

TIP 5. 부딪쳐 봐라, 그리고 조언자를 찾아라

자신이 진정으로 드라마 PD가 되기를 희망한다면, 부딪치면서 경험을 쌓는 것이 가장 좋은 방법이다. 지금이라도 당장 방송 관련 인력을 구하는 인터넷 사이트에 들어가 보라. 각종 단기 아르바이트부터 조연출을 구하는 공고까지 수두룩하다. 먼저 방송 현장을 경험하면서 직접 체험해보고 자신에게 맞는 일인지를 판단하고 시작하는 게 가장 빠른 길이다.

그리고 주위에 좋은 조언자를 두길 바란다. 홍 PD는 "옆에 좋은 조언자가 있다면 먼저 간 길을 압축해서 잘 알려줄 수 있는 길잡이가 될 겁니다. 조언자란 관련 서적이 될 수도 있고 지인이 될 수도 있겠죠. 자신이 찾고자 한다면 좋은 조언자를 구할 수 있을 겁니다"라고 했다.

 **REVIEW**

옆에서 본 드라마 PD들의 모습은 결코 화려하지도, 여유롭지도 않다. 촬영 때면 집에 못 들어가기 일쑤고, 편집실에서 밤을 새느라 피곤에 절어 있다.

그러나 드라마 PD에게는 이런 어려움을 상쇄하고도 남을 직업적 장점이 있다. 작품에 대한 자부심과 본인이 그토록 원하는 일을 하고 있다는 행복감, 그리고 열정이 존재한다. 특히 TV 드라마는 대중 예술이다. 영화처럼 작가주의적이거나 예술성이 짙다기보다, 대중적으로 쉽게 즐길 수 있지만 나름의 작품성을 지닌 것이 TV 드라마다. 대중의 인기와 예술성을 동시에 잡을 수 있다는 의미다.

게다가 최근에는 직업의 전망도 밝다. 중국을 비롯해 아시아권에서 최고 인기 드라마로 부상한 SBS '별에서 온 그대', KBS 2TV '태양의 후예' 등의 작품뿐만 아니라 세계적인 인기를 모은 웹 드라마까지, 드라마는 더 이상 한국 시장만이 아닌 세계 시장을 노리며 성장하고 있다. 이 같은 드라마의 인기에 힘입어 드라마 PD들의 아시아권 국가로의 진출도 활발해지고 있다. 거액을 받고 해외로 진출한 드라마 PD들의 소식이 왕왕 들린다.

그러나 드라마 PD라는 직업에 도전하기 전에, 앞서 이야기한 이 직업의 단점들을 극복할 수 있는지 현실적이고 객관적으로 자문해보기를 바란다. 필자의 지인 중에는 방송사에서 한 달여에 걸친 실습 테스트를 무사히 통과하고도 PD를 포기한 취업준비생도 있다. 상상을 초월하는 노동강도와 기획에 대한 압박감으로 인해 자신과는 맞지 않음을 느꼈기 때문이다.

PD가 되는 길은 이전에 비해 많이 열렸다. 비단 방송사 공개 채용이 아니더라도 경력을 쌓아 PD로 입봉하는 방식, 외주 프로덕션에 입사하는 방법, 프리랜서로 활동하는 방식 등 다양하다. 하지만 누차 강조하고 싶은 점은 'PD를 자신의 직업으로서 지속할 수 있는지' 여부다. 그것은 앞서 설명한 여러 방법을 통해 알 수 있을 것이다.

 **RATINGS**

급여 수준

방송사 신입 PD의 연봉은 대기업 신입 사원과 비슷하다.

취업 난이도

크리에이티브한 직업인만큼 자신만의 무기가 필요하다.

향후 전망

드라마 PD는 엔터테인먼트 산업을 이끄는 동력이라고 할 만
하다.

업무 강도

'저녁이 있는 삶'을 기대한다면 PD는 포기해라. 물론 계속 그렇
다는 얘기는 아니다.

업무 만족도

스타를 직접 키워냈다는 데서 오는 성취감은 짜릿하다.

writer

연예 직업의 발견

교양 및 예능
방송 작가

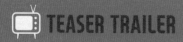
TEASER TRAILER

업무 개요	국내·외 방송 프로그램 기획, 섭외, 집필
급여 수준	회당 30만 원 · 신입 방송 작가 기준 · 연차가 올라갈수록 상승
채용 방식	공개 채용 또는 수시 채용
요구 어학 능력	영어
유용한 제2외국어	중국어, 일본어
우대 경력	방송 관련 경력

PILOT PROGRAMME

2000년대 중반만 해도 국내 방송은 KBS, MBC, SBS 등 지상파 방송사 중심이었다. 시청자들의 다양한 욕구를 충족시켜 주기에는 채널 수가 턱없이 부족했고, 프로그램의 질도 지상파 방송사가 압도적이었다. 하지만 케이블 TV의 성장과 종합편성채널의 등장, 그리고 뉴미디어가 급격히 성장하면서, 이제는 푹신한 소파와 리모컨만 있다면 TV를 끼고 하루를 금방 보낼 수 있게 됐다.

방송 산업이 성장하면서 방송 작가(방송 작가는 드라마 작가, 예능 및 교양 작가로 구분되는데, 이 챕터에서는 후자를 지칭한다.)의 수요는 급증하고 있다. 지상파 방송사에 전속됐던 작가들은, 현재 모두가 프리랜서로 활동하고 있다. 경력 10년 이상의 메인 작가의 경우 5~6개의 프로그램을 맡기도 한다.

방송 작가의 일

드라마 작가는 집필에서 자신의 역할을 마무리하지만, 예능과 교양 프로그램을 담당하는 방송 작가는 PD와 함께 프로그램의 기획과 구성, 집필과 섭외, 그리고 자막 작업까지 한다. 방송의 처음부터 끝까지 모든 것을 PD와 함께 한다고 생각하면 된다.

규모가 있는 방송의 경우, 예능이든 교양 프로그램이든 한 명의 작가만 두는 경우는 별로 없다. 자연스레 연차에 따라 차이가 날 수밖에 없고, 일의 경중을 나눈다. 앞서 언급한 방송 작가의 업무 중 프로그램 기획과 구성, 집필에 해당하는 부분은 메인 작가와 중견급 작가의 몫이다. 보통 막내 작가들의 경우, 자료 조사와 섭외 전화 돌리기, 자막 정리 등 온갖 궂은일을 해야 한다. 이 '하찮아 보이는 일'을 보통 3년 정도를 묵묵히 해야 '막내 작가' 꼬리표를 떼고 짧은 영상의 구성안을 쓸 수 있다.

3년의 시간을 견디느냐가 방송 작가 데뷔 여부를 가른다. 대부분의 막내 작가들이 일을 그만두면서 "제가 생각했던 작가는 이런 게 아니었어요"라는 말을 한다고 한다. 굉장히 지적이고 진취적인 일을 할 것이라는 환상에 젖어 있다가, '허드렛일'에 자괴감에 빠지는 것이다. 하지만 방송 작가가 되려면 곰이 마늘을 먹고 100일 동안 견디듯,

인고의 시간이 필요하다. 모든 베테랑 방송 작가들이 이 시간을 견뎠다.

방송 작가 세계에 입문하는 방법

방송 작가가 되는 길은 크게 세 가지다.

첫 번째는 신문방송학과, 극작과, 문예창작학과 등 방송 작가 관련 전공을 공부한 뒤 해당 학과 교수나 선배의 추천으로 막내 작가로 프로그램에 합류하는 것이다. 가장 전통적인 방식이다.

두 번째는 KBS, MBC에서 운영하는 방송 아카데미 과정을 이수하고 아카데미의 추천으로 방송사나 제작사에 취업하는 방법이다. 보통 새 프로그램이 시작되면, 제작사에서 아카데미에 작가 추천을 의뢰하고 졸업생들의 이력서를 받는다. 그 후 면접을 보고 작가를 선발한다.

세 번째는 방송 작가 구인 사이트를 통해 방송국에 입성하는 것이다. KBS 구성작가협회(www.kbswriter.com) 홈페이지에 가면 작가를 구하는 공고를 확인할 수 있다. 회원가입만 하면 무료로 방송 작가를 구하는 구인 공고를 볼 수 있다.

어느 방법으로 방송 작가의 길을 걷든 공통적으로 약 3년 동안 막내 작가 시절을 거쳐야 정식 작가로 데뷔할 수 있다. 7~8년 차 중견급 작가가 되면 프로그램에서 주도적인 역할을 맡고, 보통 10~15년 차 이상이 되면 메인 작가가 되어 중견급 작가와 막내 작가로 이뤄진 팀을 구성해 프로그램을 맡을 수 있다.

막내 작가로 입문했다면, 그 후에는 함께 일했던 PD와 선배 작가가 프로그램을 새롭게 시작할 때 합류 요청이 오면 다시 함께 일한다. 결국 함께 일할 때 능력을 얼마나 보여줬는지가 직업의 연속성을 좌우한다.

STAR

박현영 작가

박현영 작가는 2017년 기준으로 경력 15년 차의 베테랑 방송 작가다. 그런데 다른 방송 작가들과 달리 이력이 조금 특이하다. 보통 교양이나 예능 프로그램의 작가로 시작하면 해당 분야에서만 활동하는데, 박현영 작가는 영역을 과감하게 넘나들고 있다. MBC에서 '아주 특별한 아침'과 'PD 수첩'을, KBS에서는 '수요기획' 같은 교양과 다큐멘터리 프로그램을 담당했다. 이후 YTN Star의 '스타 투데이 프리미엄', MTV의 '더 스테이지', YG엔터테인먼트의 '빅뱅 월드투어 다큐멘터리' 등 연예와 음악 프로그램에서 활약했고, 2016년에는 네이버 TV캐스트 웹드라마 '박대리는 휴가중'이라는 드라마에도 도전했다.

한 분야에만 안주하고 싶지 않아 방송의 다양한 영역에 도전해왔다는 그는 "아직도 이 일이 가장 내 가슴을 뛰게 한다"고 말한다. 박현영 작가가 방송 작가의 매력을 들려

췄다.

TIP 1. 그 어느 곳보다 '평판'이 중요한 세계

"중학교 때부터 작가가 되고 싶었어요. 어떤 인물에 대한 글을 쓰고 캐릭터를 만드는 것에 흥미를 느꼈는데, 그 당시에는 어떻게 작가가 되는지 몰랐어요. 막연한 생각뿐이었죠. 그런데 대학 입시가 코앞으로 다가오자 무조건 4년제 대학에 가야 한다는 압박감이 있어서 글과는 상관없는 학과에 진학했어요. 1년의 시간을 보내니 내 길이 아니란 확신이 들더라고요."

"그래서 다니던 대학을 과감히 포기했어요. 다시 대입 시험을 치르고 서울예대 극작과에 들어갔죠. 당시 경쟁률이 100 대 1에 육박할 정도로 높았는데 운 좋게 합격했죠. 대학 시절 동아리 활동을 통해 장진 감독님, 황정민 배우 등 쟁쟁한 선배들의 활약상을 가까이 보면서 점차 내가 꿈에 그리던 방송 작가에 한 발자국씩 다가가고 있다는 생각이 들었어요. 졸업반 때 교수님의 추천을 받아 MBC '아주 특별한 아침'이라는 프로그램에 막내 작가로 방송계에 첫발을 내디디게 됐죠."

박현영 작가 ⓒ 정소희

어렵게 시작한 막내 작가 시절은 고되기 이를 데 없었다. "아침 6시에 시작하는 방송 프로그램이라 새벽부터 조간신문을 체크하는 것부터 업무가 시작됐어요. 섭외나 방송 내용을 점검하고, 방송 진행에 필요한 모든 잡다한 일도 막내 작가 몫이었죠. 새벽 방송이다 보니 실질적으로 잠자는 시간 빼고는 하루 종일 방송국에서 살았어요. 그렇게 해서 처음 받았던 돈이 한 달에 50만 원 남짓이었는데, 차비로 다 썼죠(웃음)."

박 작가는 자신의 막내 작가 시절이 지금과는 차이가 있다고 말한다. "15년 전만 해도 방송계가 지상파 위주라 막내 작가는 지상파 방송의 아침 방송을 무조건 거쳐야 한다는 불문율이 있었어요. 여기서 살아남았다면 검증을 받은 것이라고나 할까요? 지금은 방송 프로그램이 워낙 많아져서 아침 방송을 거쳐야 한다는 규칙 같은 건 사라졌죠."

방송 작가들이 가장 많이 그만두는 때가 바로 막내 시절이다. 일은 많고, 받는 돈은 적고, 작가로서 자존감을 느낄 수 있을 만한 일도 주어지지 않으니, 호기롭게 방송계에 입문했다가 못 견디고 떠나는 이들이 적지 않다는 것이다. "그때는 그저 '버티자'는 생각으로 임했어요. 방송계라는 곳이 굉장히 넓을 것 같지만, 한 사람만 건너면 모두 아는 '평판'이 중요한 곳이라 내가 한 곳에서 꾸준히 해낼 수 있다는 능력을 보여주는 게 처음엔 중요해요. 그때는 그런 시간을 잘 보내야 한다는 생각밖엔 없었습니다."

TIP 2. 메인 작가 입봉, 지상파 vs 소규모 채널

교양 프로그램 작가로서 'PD 수첩' 같은 방송국 간판 프로그램의 작가로 경력을 쌓던 그는 방송 작가 5년 차가 됐을 무렵 변화를 시도했다. "교양 프로그램은 시사 상식도 넓히고, 작가로서 중요한 섭외나 자료 조사 능력을 다지는 데 큰 도움이 되는 기회예요. 그런데 몇 년간 교양 프로그램을 하다 보니, 이제는 진지하고 심각한 주제보다 재미있고 역동적인 분야를 하고 싶다는 생각이 들었어요."

그래서 눈을 돌린 분야가 예능 프로그램이었다. 물론 방향 전환이 쉽지는 않았다. 지상파 방송은 교양과 예능 프로그램이 확연히 구분되어 있어서 교양 담당 작가가 예능 프로그램 작가로 합류하면 다시 막내 작가부터 시작해야 하는 시스템이었다. 이에 박 작가는 지상파 프로그램

대신 신생 케이블 채널로 눈을 돌려 자신의 경력을 인정받으면서도 새롭게 시작할 수 있는 기회를 얻었다. "'채널 V'라는 방송국의 연예 뉴스 프로그램을 시작으로 연예 프로그램과 음악 프로그램을 하나둘 담당하면서 예능 영역으로 확장을 할 수 있었어요. 교양과는 또 다른, 트렌디한 분위기를 엿보면서 일할 수 있었죠."

그렇게 여러 프로그램을 거치며 박 작가는 남들보다 빠르게 메인 작가로 입봉할 수 있었다. 방송 작가 8년 차 때였다. "작가로서 경력을 쌓을 수 있는 길은 다양해요. 프로그램의 규모에 따라 메인 작가가 되는 기간이 천차만별이기도 하고요. 예를 들어 지상파 방송사의 주말 예능 프로그램의 경우, 메인 작가가 적어도 15년 차 이상의 경력을 지니고 있고 10여 명의 작가들이 협업하는 시스템입니다. 반대로 케이블 채널의 소규모 프로그램은 작가 홀로 또는 둘이 할 때도 있어요. 보통 정규 프로그램은 약 4~6명의 작가들이 협업을 하는 구조입니다."

어떤 곳에서 방송 작가로서 훈련을 받을 것인가는 본인의 선택에 달려 있다. 큰 프로그램에서 차근차근 경력을 쌓을 수도 있고, 소규모 프로그램에서 주도적으로 프로그램 제작에 관여하며 경험을 쌓아갈 수도 있다.

TIP 3. 한곳에 정주하길 원한다면 방송 작가를 포기하라

박현영 작가는 "방송 작가는 매 순간 배울 수 있어서 보람이 있다"고 말한다. 그는 MBC 다큐멘터리 '에이블 아트'라는 프로그램을 언급했다. 장애인 예술가들을 주제로 한이 프로그램은 장애인들에 대한 편견을 거두고 예술인의모습을 고스란히 보여주면서 큰 찬사를 받았다. "국내에는 자료가 거의 없어서 해외 자료까지 뒤지며 거의 1년간준비한 프로그램이었는데, 종영 후 장애인 예술가들에게 '고맙다'는 인사를 정말 많이 들었어요. 대중에게 새로운 시각을 보여주는 방송의 역할을 다시금 깨달은 순간이었죠."

일하는 과정에서 맺는 인간관계도 큰 자산이다. "모든프로그램이 그렇지는 않지만, 매번 새로운 사람들을 만나면서 얻는 부분이 많아요. 예를 들면, 최근에 해외 촬영프로그램을 맡았는데, 새로운 공간에서 프로그램을 제작하다 보니 무척 힘들었어요. 오히려 그래서 같이 일했던사람들과 돈독해지더라고요. 프로그램을 마치고 일주일

▌박현영 작가의 메인 포트폴리오 중 하나인 MBC 'PD 수첩'
© 연합뉴스

간 함께 여행을 했는데, 제 추억의 멋진 한 페이지를 장식했어요."

프로젝트를 수행하듯 프로그램별로 일을 하니 '늘 새로운 직장'에 다니는 기분은 방송 작가가 누릴 수 있는 큰 매력이다. "한곳에 고정돼 일하는 걸 좋아하는 스타일이라면 방송 작가는 잘 맞지 않을 거예요. 매번 새 프로그램에서 사람들을 만나고 적응하고 일하면서 도전을 즐기고, 재미를 느껴야 해요."

TIP 4. 글쓰기 능력＋인간관계＋근성＝방송 작가의 조건

박현영 작가는 방송 작가의 조건을 말하기에 앞서, 이 분야 지원자들이 방송계에 대한 막연한 환상을 먼저 거두고 접근했으면 좋겠다고 했다. "무작정 '방송에 관련된 일을 할 거야' 또는 연예인들을 만나고 싶은 마음으로 시작할 거라면 아예 시도하지도 말라고 얘기해주고 싶어요."

직업인으로서의 마음가짐을 다졌다면, 그 다음에는 '글쓰기 능력'이 있는지 객관적으로 파악하기를 권했다. 그런데 좀 자세하다. 어느 장르에 강점이 있는지도 파악이 필요하단다. "본인이 정말 글 쓰는 게 좋은 건지, 아니면 그냥 책을 읽는 게 좋은 건지도 파악해야 해요. 방송 작가가 되기 위해서 반드시 관련 학과를 졸업해야 하는 건 아니지만, 자신이 어떤 장르를 좋아하고 자질이 있는지를 파악하는 건 중요해요. 물론 책을 다양하게 많이 보는 것도 필요하고요."

두 번째는 '관계를 맺는 능력'이다. 방송 작가는 여러 사람과 협업해야 하고, 섭외 또한 작가의 중요 업무 중 하나여서 사람들과 좋은 관계를 맺고 유지하는 능력은 업무상 중요한 부분이다. "인간은 결국 관계의 동물이기 때문에 누구든지 일하기 편하고, 시너지가 나는 사람과 일하기를 원해요. 게다가 프리랜서라는 신분 특성상 방송 작가가 계속 선택을 받기 위해서는 관계를 맺는 능력이 중요해요. 전화 한 통으로도 그 사람의 성향이 파악되는 순간이 있잖아요. 그래서 저는 막내 작가들에게는 예의 바르게 전화하는 것부터 가르치는 편입니다."

세 번째는 유에서 무를 창조하는 '근성'이다. "방송 작가는 방송에 필요하다면 아프리카 원주민이라도 섭외할 수 있는 끈질김이 필요해요(웃음). 실제로 제 경험인데, 한번은 전화번호도 없는 어느 깊은 산중의 음식점 사장님과 연락하기 위해 그 산에 가는 산악회 분까지 알아보고 결국 음식점 사장님과 연락이 닿은 적이 있어요. 또, 저와 같이 일하는 어느 작가는 일면식도 없는 치킨 가게에 전화 한 통을 넣어서 치킨 100마리를 협찬받은 적도 있고요." 방송을 위해서는 부정적인 생각을 치워두고 뭐든 해 보는 도전 정신이 필요하다는 얘기다.

슬럼프도 이겨내야 한다. 박 작가는 7~8년 차의 중견 방송 작가가 되면 대부분 이 일을 계속할지 그만둘지 고비를 맞는다고 말한다. "프리랜서라는 특성상 작가들은 일이 많을 때는 5~6개의 프로그램을 한꺼번에 하기도 하고, 기획 기간이 길어지면 몇 달을 쉬기도 해요. 어찌 보면 이런 면에선 연예인들과도 비슷하죠. 10년 차가 돼 메인 작가가 되면 수입도 안정적이고 여러 프로그램을 할 수 있는데 보통 7~8년 차에 고비를 겪습니다. 이때를 잘 넘기는 게 중요해요."

 **REVIEW**

직업의 안정성 측면에서 보면 방송 작가는 프로 스포츠 선수와 흡사하다. 자기 관리를 꾸준히 해야 방송 작가로서 성과를 낼 수 있다.

다행히 최근 방송 환경은 작가들에게 매우 우호적이다. 방송뿐만 아니라 뉴미디어에서도 방송 작가를 찾는 수요가 많아졌다. 박현영 작가의 경우, 2016년에 네이버 TV 캐스트 웹 드라마 '박대리는 휴가중'을 집필하며 드라마 작가로도 데뷔했다. 그동안 교양과 예능 작가로 쌓아왔던 경력에서 벗어나 외유를 한 것인데, 그만큼 경험 많고 훌륭한 결과물을 보여준 작가라면, 도전해볼 수 있는 기회가 많아졌다는 의미다.

그래서 방송 작가는 입문 후에 자신의 이름 석 자를 브랜딩한다는 마음가짐이 중요하다. 최근 PD도, 기자도 자신의 이름을 브랜딩하며, 프로그램과 기사에 권위를 더하는 이들이 조금씩 나타나고 있는데, 프리랜서로 일하는 방송 작가라면 더더욱 자신의 이름을 걸고 일해야 한다. 업계 평판이 중요한 만큼 하나의 성공 사례를 만들면 이후 일을 지속해 나가는 것이 수월해지는 게 방송 작가의 세계이기 때문이다. 시청자들에게는 KBS 예능 프로그램 '1박 2일'의 작가로 잘 알려진 이우정 작가, 김대주 작가가 대표적인 사례다. 나영석 PD와 함께 '꽃보다 할배', '삼시 세끼' 등 새로운 예능 프로그램을 계속 함께 제작하고 있다.

최근 새롭게 방송 작가의 길에 들어선 이들 중에는 방송 작가로서 자신의 이름에 먹칠을 하는 경우를 왕왕 듣는다. 특정 스타의 팬 출신 작가들이 '팬심'으로 출연진을 대하는 경우가 생겨나고 있다는 것이다. 박현영 작가도 이 때문에 골머리를 앓은 적이 있다. "이들과 같이 일해본 결과 팬의 마음으로 일을 하는 건 위험 요소가 많다는 생각을 했어요. 예를 들어 보안을 유지해야 하는 사안이나, 출연진과의 적당한 관계 유지가 필요한 순간에 '팬심'을 드러내 일을 망치는 경우를 여럿 봤습니다. 출연진과 좋은 관계를 유지하고, 애정을 갖는 건 중요하지만 도를 지나쳐서는 안 됩니다." 사실 이것은 비단 방송 작가만이 아니라 엔터테인먼트 산업에서 밥벌이를 찾겠다는 이들이 꼭 명심해야 할 부분이다. 팬의 마음으로 연예인을 대할 때와 프로페셔널로서 이들을 만날 때와는 자세가 달라야 한다.

어느 직업이든 명암이 있듯 방송 작가에게도 극복하기 쉽지 않은 '직업인으로서의 숙제'가 있다. 바로 나이를 인식할 때다. 신체적 나이가 아니라 문화적 나이를 의미한다. 예능 프로그램 방송 작가들의 경우, 20년 차가 넘어가면 세대 차이를 확연하게 느낀다고 한다. 트렌드를 좇으면서 '감'을 잃지 않으려고 노력하지만, 결코 쉬운 일은 아니다. 일을 지속할 수 있을지 위기감을 느끼기까지 한다. 나름 해결책을 마련한다. 나이 어린 막내 작가들에게 10대와 20대의 트렌디함을 읽게 하고, 연륜 있는 작가들은 구성을 뒷받침하는 팀을 만든다. 선배 작가들의 경우 리더십이 빛을 발해야 하고, 이제 방송 작가의 세계에 입문한 새내기 작가들은 팀 내에서 나름 중요한 역할을 하며 배워 나갈 수 있는 구조다.

어쩌면 아직 방송 작가의 문턱에도 가지 못한 이들에게는 이런 이야기들이 현실감이 없을지도 모르겠다. 하지만 이런 문제마저 감수하고, 해결할 자세가 되어 있는지 스스로를 살펴봤으면 좋겠다. 방송국 입문보다 중요한 것은 방송 작가라는 직업의 지속성이기 때문이다.

 **RATINGS**

급여 수준

   ● ●

신입 작가는 고달프지만 연차가 쌓이면 대우 받을 수 있는 건 장점.

취업 난이도

   ● ●

방송 작가로서의 '입문'보다는 어떻게 버티느냐가 중요하다.

향후 전망

    ●

방송 채널이 늘어나고, 뉴미디어의 활성화로 방송 작가의 영역은 점점 늘고 있다.

업무 강도

막내 작가에게 야근은 기본.

업무 만족도

    ●

다양한 사람을 접하고 새로운 일을 좋아하는 도전 정신이 있다면 '강추'.

연예 직업의 발견

드라마 작가

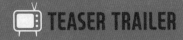
TEASER TRAILER

업무 개요	국내·외 드라마 기획, 집필
급여 수준	월 150만 원 내외 · 신입 보조 작가 기준. 데뷔 후에는 천차만별
채용 방식	수시 채용
우대 경력	작가 경력

📺 PILOT PROGRAMME

드라마 작가는 '드라마의 꽃'이다. 한 편의 드라마를 완성하기까지 PD, 배우, 스태프가 각자의 자리에서 역할을 다해야 하지만, '매력적인 이야기'를 만들어내는 드라마 작가의 역할은 특히 절대적이다. 드라마의 수준을 결정한다고까지 말할 수 있다.

국내 드라마가 놀라운 작품성을 갖추고 대중문화의 정수로서 각광받는 상황이 더해지면서, 최근에는 드라마 작가가 일반적인 방송 작가 이상의 대접을 받고 있다. '작품'을 만들어내는 작가로서 사회적 지위를 확보하는 것은 물론, 배우 못지않은 대중의 관심을 받는다. 평균적으로 회당 수천만 원에 이르는 원고료를 받는다는 풍문도 있으니 이목이 더욱 쏠릴 수밖에 없다.

'글 좀 쓴다'는 이들에게 드라마 작가가 선망의 대상이 되는 것은 매우 자연스럽다. 드라마 작가를 지망하는 이들은 매년 늘어나 KBS, MBC, SBS 등 지상파 방송사의 단막극 공모에 매년 4,000~6,000편의 작품들이 쏟아지고 있다. 물론 실제 방송 기회를 잡을 수 있는 작가는 1년에 50여 명에 불과하다. 2017년 기준으로 작가협회에 등록 돼 있는 드라마 작가는 500여 명인데, 이들도 매년 작품 하나를 방송으로 내보내는 것이 쉽지 않다.

드라마 작가의 세계, 어떻게 진입하나

드라마 작가로 입문하는 길은 크게 세 가지다.

첫 번째는 KBS, MBC, SBS 등의 지상파 방송사, 케이블 TV, 한국콘텐츠진흥원 등에서 실시하는 드라마 공모전을 통해 데뷔하는 방법이다. 극작과, 문예창작과의 졸업 장이 없어도 된다. 독창적인 소재, 자신만의 글쓰기가 있다면 공모전을 통한 데뷔가 다른 어떤 방법보다 유용하다는 게 기성 드라마 작가들의 조언이다. 물론 유념해야 할 것이 있다. 공모전 당선이 당장의 방송 진출로 이어지는 건 아니라는 점이다. 당선되고도 편성상의 문제로 방영되지 않을 수도 있고, '시장의 논리'로 외면 받을 수도 있기 때문이다.

두 번째는 드라마 작가 양성 기관에서 소정의 과정을 이

수한 후 보조 작가로 추천을 받는 방법이다. 현재 드라마 작가 양성 기관으로는 한국방송작가협회 교육원(이하 작가 교육원)과 각 방송사에서 운영하는 아카데미가 있다. 그중에 가장 대중적인 교육 기관이면서도 많은 드라마 작가를 배출한 곳이 작가 교육원이다. 이곳은 현재 국내에서 활동 중인 드라마 작가 대부분이 소속되어 있기 때문에 정보 공유가 매우 빠르고, 서로 스터디 그룹을 만들어 글쓰기 연습을 할 수 있다. 교육 과정을 이수한 후에는 보조 작가로 추천 받아 드라마 작가의 세계에 입문할 수 있다.

세 번째는 교육 기관의 추천이 아닌, 곧바로 기성 작가의 보조 작가로 시작하는 방법이다. 그간 보조 작가는 관련 학과의 선·후배, 작가 교육원 등을 통해 선발됐지만, 최근에는 공개 면접을 통해 뽑는 추세다. 보통 드라마 작가들은 2~4명의 보조 작가와 함께 작업한다. 보조 작가들은 작품 전반에 대한 자료 조사와 아이디어 구성 등의 업무를 맡는데 기성 작가와 함께 일하면서 드라마 작업에 대한 실무를 익힐 수 있다. 이 경우 꼭 공모전이 아니더라도 작업을 통해 알게 된 드라마 제작사에 자신의 작품을 보내는 것도 가능하다.

STAR

백미경 작가

2017년에 가장 주목받은 드라마인 JTBC '품위 있는 그녀'를 집필한 백미경 작가는 17년 전에 시나리오 작가로 데뷔했다. 그 후 잠시 글을 접고 고향에서 사업을 하던 백작가는 다시 드라마 작가로 복귀해 JTBC '힘쎈 여자 도봉순'(2016) '품위 있는 그녀'(2017)를 연달아 히트시키면서 드라마계 최고의 블루칩으로 떠올랐다. 그에게서 드라마 작가의 길에 대해 들었다.

TIP 1. '드라마 작가'로서의 지향점을 끊임없이 고민하라

"작가로서 제일 기쁜 일은 시청률과 같은 숫자보다는, '드라마 하는 날이 기다려진다'라는 이야기를 듣는 거예요. 살아보니 희로애락(喜怒哀樂) 중 '노(怒)'와 '애(哀)'로 점철된 것이 인생이더라고요. 사는 게 쉽지 않지만 드라마를 보면서 사람들이 행복할 수 있다면 정말 좋겠어요. 학창 시

❚ 백미경 작가의 대표작인 '품위 있는 그녀'와 '힘쎈 여자 도봉순'

© JTBC

절의 저 또한 야간 자율 학습을 빼먹으면서 보고 싶은 드라마를 설레며 기다렸듯, 제 드라마를 보는 시청자들도 그런 설렘이 있다면 더할 나위 없겠습니다. 그래서 좋은 드라마, 건강한 드라마를 쓰는 작가로 남아야겠다는 생각을 요즘 많이 합니다."

연달아 인기 드라마를 내놓은 백 작가는 사실 데뷔 후 한동안 다른 일을 했다. "2000년에 영화 시나리오 공모전에 당선됐는데 영화화 하는 과정에서 아이디어를 뺏기는 경험을 했어요. 요즘만 해도 저작권 보호가 확실한데, 그때는 저 같은 사례가 사실 여럿 있었거든요. 그때 큰 실망을 하고 대구로 내려가 학원 사업에 전념하며 시간을 보냈었죠."

몇 년간 학원을 운영하며 큰 성공을 거뒀다. 대구에서 '백 선생' 하면 모르는 이가 없을 정도였다. 하지만 2009년 노무현 대통령 서거를 겪으며 다시금 인생의 전환점을 맞았다.

"대통령이라는 것 외엔 개인적으로는 일면식도 없는 분이지만, 그분의 죽음을 통해 앞으로 어떻게 살 것인가를 다시 고민하게 됐어요. 나름대로 사업도 성공했지만 과연

이 일이 제가 평생을 바칠 만한 일인가에 대한 생각을 하게 됐죠. 심사숙고 끝에 제가 하고 싶은 일이 사람들에게 선한 영향력을 끼칠 수 있는 일이라는 판단이 들어, 미련 없이 학원을 접고 서울로 올라와 그때부터 글쓰기에 전념했습니다."

그렇게 다시 글쓰기에 집중한 그는 2014년 SBS 드라마 공모에 '강구이야기'로 당선되며 다시 작가의 길을 걸었다. 이후 첫 장편 작품인 JTBC '사랑하는 은동아'가 호평을 받고, 차기작인 '힘쎈 여자 도봉순'이 JTBC 드라마 최고 시청률을 보인 데 이어, 다음 작품인 '품위 있는 그녀'가 이 기록을 경신했다.

백 작가는 '불량 식품'이 아닌, 보고 나면 메시지든 대사든 무언가 남는 작품을 쓰고자 하는 열망이 자신을 여기까지 이끌었다고 말한다. "예를 들어 최근작인 '품위 있는 그녀'는 대사의 한 토씨도 허투루 쓰지 않았어요. 몇 번씩 고민하며 어떤 말이 가장 맞을까를 고민했죠. 작은 캐릭터들이라도 그 장면에서는 주인공이 될 수 있도록 장면 배분에도 힘을 썼습니다. 다른 걸 떠나 이 드라마를 통해 사람들을 기쁘고 행복하게 하자는 생각에 집중할 때 좋은 작품이 나온다는 것을 알게 됐습니다."

TIP 2. 창작의 '즐거움'이 직업의 생명을 좌우

드라마 작가가 되기 위해 가장 중요한 것이 무엇이냐는 질문에 백 작가는 '뭔가 쓰고자 하는 욕구'가 내면에서 솟아 나와야 한다고 강조한다. "드라마 작가로서의 삶은 끝없는 좌절의 연속이에요. 드라마는 홀로 창작하는 소설과는 달리 배우, 연출, 방송국과의 협업이에요. 그래서 편성이 가능한 '타이밍'도 중요하고, 어떻게 협업하느냐도 중요합니다. 1년간 기획한 것이 때론 하루 만에 물거품이 되기도 해요. 특히 신인 작가들에겐 기회가 많이 가지 않아 좌절하기 쉬울 거예요. 그럴 때 무너지지 않고 쓰고자 하는 욕구가 있어야 허들도 넘어가며 나아갈 수 있습니다."

이 때문에 글 쓰는 작업 자체를 즐기는 마음가짐이 우선돼야 한다. "창작 욕망과 글쓰기의 행복감과 보람을 느낄 수 있어야 오래갈 수 있어요. 캐릭터들에 열심히 몰입하면서 글을 쓰다 보면 어느 순간 캐릭터들이 스스로 뛰어 논다는 느낌을 받을 때가 있어요. 그때가 바로 작가로서 생동감을 느끼는 순간이죠. 드라마 현장은 철저한 협

▌백미경 작가 © JTBC PLUS

업이지만, 작가는 홀로 계속해서 글을 써야 하기에 외로운 직업이에요. 창작 자체에서 즐거움을 느끼는 마음가짐이 있어야 합니다."

TIP 3. 남들과 다른 생각을 하는 습관을 길러라

두 번째는 '일반적이지 않아야 한다'는 조언을 들려준다. 백 작가는 "남들이 하는 생각을 똑같이 하는 사람이 작가가 돼서는 안 돼요. 사고의 방향이 일반화 되면 시청자들의 높아진 수준을 맞추기 어려워요. 특히 최근에는 전문 작가나 평론가들을 뺨칠 만큼 드라마의 행간을 잘 분석하는 시청자들이 점점 더 많아지고 있기 때문에 '예상 가능한' 수준의 글쓰기로는 시청자들의 마음을 잡기 어려워요"라고 말한다.

중요한 조언이지만 매우 원론적인 이야기다. 사실 '남들과 다른 생각'을 할 줄 아는 작가가 되기 위해 모두가 노력하지 않나. 백미경 작가는 본인이 아이디어를 얻는 방식을 슬쩍 이야기한다. "저는 오히려 드라마를 쓸 때 사람들을 더 많이 만나요. 사람들을 통해 아이디어를 얻을 수 있거든요. 하루 종일 글만 쓰지 않아요. 올해 가을은

올해밖에 없으니, 글을 쓴다고 모든 것을 놓치지는 말자는 주의예요. 오히려 글 쓰는 시간에는 최대한 집중하고 그 외의 시간을 알차게 보내려고 노력해요. 실제로 '품위 있는 그녀'를 쓸 때는 드라마 한 회를 하루 동안 다 쓴 적도 있어요."

첨언하자면 소위 '엉덩이의 힘'도 중요하다. 이는 MBC '거침없이 하이킥', tvN '나인' 등을 집필한 송재정 작가의 조언이다. 송 작가는 "어릴 때는 여행을 떠나야 새로운 감각이 생기는 건 줄 알았어요. 그래서 20대 때는 작품이 끝나면 두 달씩 해외여행을 떠나곤 했습니다. 그런데 지금은 굉장히 직장인 같은 마음으로 일해요. 아침에 와서 점심시간까지 일하고, 점심 먹고 또 일해요. 경험해보니 창의력은 '성실함'에서 나오는 것 같아요. 두 달 동안 여행하면서 얻은 아이템보다 계속 엉덩이 붙이고 쓰면서 얻는 게 더 많은 것 같아요"라고 말한다. 결국 신선한 아이디어, 뜻밖의 이야기 전개는 본인만의 방식을 만들어내는 데서 비롯되는 것이라 하겠다.

TIP 4. 작가로서의 자아실현? 사람을 책임지는 마음이 우선

마지막으로는 '책임감'이다. 앞서 언급했듯이 드라마 작가는 PD, 배우, 스태프와 협업하며 일한다. 드라마의 질이 본질적으로 '스토리의 힘'에서 나온다 할지라도, 이들의 역할과 노력이 없으면 매력적인 드라마는 탄생하지 않는다. 백미경 작가는 "홀로 집필하는 데 만족감을 느낀다면 소설을 창작할 것을 권하고 싶어요. 드라마는 철저한 협업이고, 성패에 따라 많은 사람들에게 영향을 미치기에 '직업 작가'라는 책임감이 무엇보다 중요합니다"라고 말한다. 협업하는 사람들에 대한 책임감이 있어야 한다는 이야기다.

투자에 대한 책임감도 있어야 한다. 최근에는 방송국 또는 제작사가 드라마에 엄청난 자본을 투여하는 경우도 심심치 않게 나오고 있다. 그들의 운명이 작가의 펜촉에 달려 있다고 해도 과언이 아니다. 그렇다 보니 드라마 작가는 책임감을 넘어서 부담감마저 느끼는 상황이다. "요즘에는 미니시리즈 기준으로, 드라마 한 작품에 많게는 100억 원이 투입돼요. 그만큼 많은 사람들의 운명을 쥐고 있다는 얘기입니다. 자신의 자아실현이나 취미 활동을 위

해 드라마 작가가 되면 안 돼요."

드라마 작가, 매력적이지만 쉽지 않은 길이다.

 **REVIEW**

드라마 작가의 세계는 철저하게 자본주의의 논리가 관철되는 곳이다. 부익부 빈익빈(富益富 貧益貧)이 가장 심한 곳이라고 해도 과언이 아니다. 스타 작가들은 회당 5,000만 원~1억 원의 고료를 받지만, 손에 꼽을 정도다. 반면 신인 드라마 작가의 경우 단막극 한 편의 원고료가 수백만 원 수준이다. 단막극 한 편의 기획과 집필에 1년 이상 걸리는 경우도 있으니, 직장인으로 치자면 연봉이 수백만 원인 셈이다. 이 정도면 정상적인 생활이 불가능하다. 어느 5년 차 드라마 작가는 "처음부터 돈을 벌고 싶다는 마음으로 접근한다면 결코 할 수 없는 직업이에요. 자신의 꿈과 가치에 대한 접근이 아닌 돈을 벌기 위한 수단으로 드라마 작가를 하겠다면 판단 착오입니다"라고 말한다.

최고의 작가로 등극하려면 기약 없는 세월도 견뎌내야 한다. 신인 작가들이 데뷔를 해도 곧바로 방송국이나 제작사와 계속 일을 할 수 있는 게 아니기 때문이다. SBS

'추적자'로 스타 작가의 반열에 오른 박경수 작가는 이 작품이 성공을 거두기 전까지 약 10년 동안 자신의 작품이 방송된 편 수가 단 세 편에 불과했다.

이러한 현상은 국내 드라마 제작 구조의 문제와 궤를 같이 한다. 편당 수억 원의 제작비가 투여되니 방송국과 제작사는 시청률이 검증된 작가가 아니면, 선뜻 드라마 편성을 잡아주지 않는다. 실패로 이어지면 생존 자체가 위협을 받기 때문이다. 신인 작가들의 진입 장벽이 높을 수밖에 없는 이유다. 반대로 한 번이라도 인기 절정의 작품을 토해내면, 드라마 작가로 안착할 수 있는 확률이 높아진다. 당장 고료가 두세 배로 뛴다.

필자가 보기에는, 어려운 순간에도 글을 쓰고자 하는 '자기 열정'이 드라마 작가로 성공하기 위한 가장 중요한 요소다. 어느 드라마 작가도 이에 적극 동의한다. "자신이 정말 좋아서 하는 일이 아니라면 권하고 싶지 않아요. 국내 드라마 업계는 대부분 사전제작제가 아니어서 작품을 집필할 때면 몇 개월씩 잠을 못 자기도 하고 소화불량에 시달리는 것도 예사예요. 막상 성공한 작가가 되더라도 드라마를 쓸 때면 방송국 또는 제작사와 협의해야 할 부분이 많습니다. 그럼에도 불구하고 이 일을 하는 사람들은 자신의 열정을 글에 바치고, 사람들과 협업해 무언가를 만들어내고자 하는 뜻이 있기에 가능해요."

주머니 속의 송곳은 가만히 있어도 밖으로 뚫고 나올 수밖에 없다. 실력 있는 이라면 자신의 존재를 드러낼 수밖에 없다는 이야기다. 지금 드라마 작가가 되기 위해 다짐을 했거나, 어떻게 준비를 해야 할지 고민하고 있다면, 우선 습작에 최선을 다하길 바란다. 데뷔 방법은 앞에서 모두 설명했다.

드라마 작가 5년 차인 어느 작가의 현실적인 조언이다. "대본에서 쓰는 용어라든지 기술적인 면은 금방 익힐 수 있어요. 그보다 중요한 것은 어떤 이야기를 할 것인가죠. 드라마는 활자가 아닌 화면에서 펼쳐지기에 자신의 생각을 비주얼 측면에서 그려볼 수 있어야 합니다. 이 장면에 무슨 뜻이 있는지, 사랑, 이별 등 내가 말하고자 하는 주제를 화면에 어떻게 표현할 것인지에 대한 감이 있어야 해요. 이를 위해서는 사람을 만나고 경험을 쌓는 것이나 드라마, 책 등을 많이 보고 접하는 것, 그리고 꾸준히 써보는 방법밖엔 없어요."

 **RATINGS**

급여 수준

신입 작가는 고달프지만 드라마 작가로 자리 잡을 수 있다면 수입은 천차만별이다.

취업 난이도

진입 장벽이 높지는 않지만 중요한 것은 드라마 작가로서 자리 잡을수 있느냐다.

향후 전망

방송 채널이 다양화되고 뉴미디어도 생겨나면서 드라마 작가의 영역도 넓어지고 있다.

업무 강도

창작의 고통이라는 말이 괜히 있는 게 아니다.

업무 만족도

글쓰기에 대한 끊임없는 열망이 있고, 새로운 일을 좋아한다면 대단히 만족스러운 일이다.

연예 직업의 발견

대중음악
작곡가

 **TEASER TRAILER**

업무 개요	국내·외 대중음악 작곡
급여 수준	1곡당 300~400만 원 & 저작권료 수입 • 신인 작곡가 기준 • 곡비와 저작권료는 작곡가마다 상이
채용 방식	프리랜서
우대 경력	대중음악 관련 경력

📺 PILOT PROGRAMME

한자어 풀이대로 하면, 작곡가(作曲家)는 '곡을 만드는 사람'이다. 대중음악, 관현악·기악·성악 등의 소위 순수 음악, 영화·광고·애니메이션·게임 등의 배경 음악을 창작한다.

작곡가는 자신의 역량을 가장 잘 발휘할 수 있는 장르에서 주로 활동한다. 하지만 특정 장르에 얽매이기보다는 끊임없이 자기 영역의 확장을 시도한다. 예를 들어 영화 〈태극기를 휘날리며〉, 〈쉬리〉 OST를 만든 이동준 영화음악 작곡가는 아시아축구연맹의 공식 주제가를 제작해서 화제가 된 적이 있다.

작곡가는 리듬과 멜로디를 만드는 직업이니만큼, 기본적으로 화성의 진행이나 악기 음색에 대한 이해가 있어야 한다. 여기에 '자신만의 표현'을 만들어낼 수 있는 창의성은 매우 중요한 요건이다. 작곡가의 성패가 갈리는 지점이다. 대중음악 작곡가이든, 순수 음악 작곡가이든, 모든 작곡가에게 해당되는 이야기다.

어떤 음악을 만들어내느냐에 따라 다르겠지만, 이 챕터에서 소개할 대중음악 작곡가에 한정해서 말한다면, 그 위상이 점점 높아지고 있다. 본질적으로 곡의 매력에 따라 가수의 성패가 달라지는 데다, 최근에는 K팝의 확산으로 인해 창작자가 더 주목을 받을 수밖에 없는 상황이 됐다. 그러나 언론을 통해 성공을 거둔 것으로 평가받는, 매우 많은 저작권료를 받는 작곡가들은 극히 일부라는 점을 꼭 말하고 싶다. 대중문화계의 특성상 쏠림 현상이 심해서 작곡가들도 히트곡 보유 여부에 따라 수입이 천차만별이다.

성공 사례를 남기는 게 지름길

대중음악 작곡가의 세계에 진입하는 방법은 세 가지가 있다.

첫 번째는 음악 관련 학과에 진학하는 방법이다. 4년제 대학 또는 전문대학에 설치된 음악학과, 작곡과, 창작음악과, 생활음악과, 실용음악과에서 이론과 실기를 체계적으로 먼저 익힌 다음, 졸업 후 교수 또는 선배와 후배의 추천으로 프로 작곡가의 길로 들어서는 것이다. 대중음악을 실질적으로 가르치는 학과라면 프로 작곡가로 데뷔하는 데 좀 더 유리하다. 강사진 대부분이 전직 또는 현직 작곡가이기 때문이다.

그러나 작곡 관련 학과 졸업이 필수적이지는 않다. 학력이나 전공보다는 실제로 얼마만큼의 실력을 보여주느냐가 더 중요하기 때문이다. 현직 대중음악 작곡가들 중에는 작곡 관련 학과 출신이 아닌 사람이 더 많은 편이고, 심지어 독학으로 공부해 작곡가가 되는 경우도 있다. 다만 본인 작곡 실력에 아직 확신이 없고, 체계적인 습득이 필요하다는 판단을 내렸다면 대학 진학을 권한다.

두 번째는 오디션에 참여하는 방법이다. JYP엔터테인먼트, SM엔터테인먼트, YG엔터테인먼트 등 가수 기획사들은 크고 작은 '작곡가 오디션'을 진행한다. 인터넷에 공개되는 이들 공개 오디션 정보를 수집해 꾸준히 응시하는 것도 방법이다. 작곡가 오디션이 아닌 '슈퍼스타 K'와 같은 가수 오디션에 곡을 선보이는 것도 방법이다. 해당 가수가 입상을 해서 곡이 알려지면 자연스레 작곡가의 프로필에 한 줄이 더해질 수 있다.

세 번째는 음악 관련 경력을 쌓으면서 자연스럽게 자신의 곡을 알리는 방법이다. 작곡가 지망생이지만 음악 세션 활동 등을 하고, 그 과정에서 알게 된 인맥을 통해 본인의 곡을 알리고 프로 작곡가로 발탁되는 경우도 있다.

대중음악 작곡가로 입문하는 방법을 간단히 살펴봤지만, 중요한 것은 성공 사례를 남기는 것이다. 첫 번째 곡이 널리 알려지면 이후 곡 의뢰는 자연스럽게 들어온다.

 **STAR 1**

최진석 작곡가

"처음엔 어안이 벙벙했어요. 경기도 일산의 작은 제 작업실에서 만드는 음악이 세계 시장에도 통하다니 그저 신기할 따름이었죠."

최진석 작곡가는 한국인 작곡가로는 처음으로 미국 빌보드 댄스 클럽 차트 정상에 올랐다. 그가 작곡하고 프로듀싱한 곡은 '키스 미 퀵(Kiss Me Quick)'. 영국 아이돌 그룹 '더 원티드(The Wanted)'의 멤버였던 네이선 사익스(Nathan Sykes)가 솔로 데뷔곡으로 불렀다. 영국에서 좋은 성적을 거둔 후, 2015년 8월 미국 빌보드 댄스 클럽 차트 1위를 차지했다.

사실 최진석 작곡가는 해외 무대에서 더 유명한 인물이다. 노르웨이의 프로듀서 그룹인 디자인 뮤직(Dsign Music)에서 작곡가와 프로듀서로 활동 중이다. 국내에서는 널리 알려져 있지 않지만 일본의 아라시를 비롯해 해외 유명

뮤지션의 곡을 만들고, 해외 작곡가와 공동 작업을 하고 교류를 하는 것이 그의 일상이다. 물론 K팝을 이끌고 있는 국내 그룹의 곡도 만든다. 그런 그에게도 '빌보드 댄스 클럽 차트 1위'라는 기록은 예상치 못했던 쾌거였다.

"방 안에 스튜디오를 만들어서 작업해요. 음악을 만들고, 가족들과 함께 얘기하는 게 제 일상이에요. 그런데 일산 골방에서 혼자 만드는 음악이 세계에서 이렇게 힘을 가질 수 있다니 놀라웠죠. 친구들이 제 노래를 들었다고 라디오 방송 내용을 보내주는 걸 보면서 새삼 감사했어요. 그리고 스스로에게 품었던 의구심도 사라졌습니다."

"네이선 사익스의 뉴욕 공연은 10분 만에 매진될 정도로 인기가 높았어요. 좋은 아티스트이기에 프로젝트에 맞게 잘 만들어야 한다는 생각이 컸습니다. 곡이 널리 알려져야 한다는 생각도 많이 했는데, 막상 차트 1위까지 오르니 마냥 신기했어요. 또, 영국에서도 잠시 살긴 했지만, 그저 축구로 유명한 나라이고 나와는 상관없는 곳이라고 여겼는데, 그곳에서도 좋은 결실을 맺게 돼 기뻤어요."

최진석 작곡가의 성과는 이게 끝이 아니다. 그가 작곡가로 참여한 레드벨벳의 첫 정규 앨범 '레드[Red]' 역시 미

▎최진석 작곡가 © 디자인 뮤직

국 빌보드 월드 앨범 차트 1위에 올랐다. 앞서 언급한, 그가 프로듀싱한 일본 그룹 아라시의 곡 '이메징 크레이지〔Imaging Crazy〕'가 수록된 DVD는 총 55만 장 이상이 판매돼 일본음반협회에서 '더블 플래티넘' 인증을 받았다. 더블 플래티넘은 50만 장 이상 판매된 음반을 특별히 인증하는 것이다.

최진석의 TIP 1. 협업이 곡의 수준을 바꾼다
어떻게 한 작곡가의 곡이 세계 각지에서 공감을 받을 수 있게 된 것일까? 그는 '협업을 통해 다르게 보여주기'에 집중했다고 전한다.

　"예를 들어 네이선 사익스의 곡은 모타운〔Motown. 미국 흑인 음악을 상징하는 레이블. '모타운 스타일'이라는 명칭이 있을 만큼 하나의 장르로 정착했다〕의 음악을 어떻게 하면 현대적으로 해석할 수 있을지에 꽂혀 있던 가운데 나온 노래예요. 지금까지와는 다른 방식으로 해보자는 생각으로, 레트로한 비트를 다른 형태로 배열하고, 모타운 코드에 프로덕션적인 터치를 많이 했죠. 변주, 변조 등 여러 가지 형태의 음악적 테크닉이 들어가자 '아, 내가 원하는 게 이거야'라는 생각이 들

ı영국 아이돌 그룹 '더 원티드(The Wanted)'의 전 멤버 네이션 사익스(Nathan Sykes)

© 연합뉴스

면서 작업에 속도가 붙었어요. 어떻게 하면 서로 다른 사운드를 접목시켜 세련되고 독특하게 만들 수 있을까에 집중했죠. 그러다 보니 음악적으로 파고드는 작업에 많이 주력했어요."

그는 이 과정에서 작곡가들의 협업 프로젝트인 '송캠프〔Song Camp〕'의 도움을 크게 받았다고 털어놨다. 2011년 노르웨이 정부 스폰서십으로 시작된 '송캠프'는 많게는 100여 명의 작곡가들이 모여 팀을 이루고 곡을 만드는 프로젝트다. 각각의 작곡가들이 멜로디와 트랙 등 곡을 이루는 부분을 맡아 작업을 하며 하나의 곡을 완성해간다. 최 작곡가는 송캠프를 통해 유럽의 작곡가들과 교류를 했고, 이후 소녀시대·슈퍼주니어·미쓰에이 등 국내 유명 아이돌 그룹의 곡도 그 연장선상에서 만들었다.

"송캠프라는 협업 체제가 자연스럽게 아시아에 소개되면서, 2012년 소녀시대의 '소원을 말해봐' 같은 곡이 나오고 세계적으로 히트도 됐어요. 해외 작곡가들과의 교류를 기반으로 하는 송캠프는 K팝의 장점과 단점을 객관적으로 볼 수 있고, 새로운 방식도 익힐 수 있어 효과적이라고 생각해요. 이제는 이런 협업에 관심을 둔 작곡가들이 점점 늘고 있어요. 개인적으로는 그저 '음악이 좋아서 시작했던' 초심을 다시금 바라볼 수 있는, 의미 있는 기회이기도 합니다."

송캠프를 인연으로 그곳에서 만난 작곡가들의 협업 그룹인 '디자인 뮤직'에 2012년에 합류하게 된 그는 현재 디자인 뮤직의 아시아 대표를 맡고 있다.

송캠프에 모이는 작곡가들은 여전히 K팝에 큰 관심을 가지고 있다고 한다. 세계 시장의 K팝에 대한 호응에 대해 최 작곡가는 "가능성과 한계를 본다"라고 말했다. "세계 최정상 작곡가들이 한국 K팝 그룹들과 함께 작업하고 싶어 하는 이유는 잘 구조화된 매니지먼트 시스템 속에서 결과물이 세련되고 멋지게 나오기 때문이에요. 여전히 K팝은 세계 시장에서 매력적인 분야죠. 단점이라면, 좀 더 도전 의식이 필요한 것 같아요. 대중적이고 쉬운 콘텐츠에 집중하기보다는 좀 더 어렵고 힘든 작업에 대한 열망을 느꼈으면 해요."

최진석의 TIP 2. 진짜 원하는 걸 집요하게
자문해야 단단해진다

겸손하게 이야기를 이어가지만 '작곡가 최진석'으로 홀로 서기까지 그 역시 독특한 이력을 쌓아왔다. 그는 국내에서 학부를 졸업한 후 영국 웨스트민스터대 오디오 프로덕션 전공으로 석사학위를 마쳤다. 이후 갓 서른의 나이에 디지털서울문화예술대학교 실용음악학과장이 되어 약 4년간 학교에 몸을 담았다. 하지만 학교보다는 본인이 직접 곡을 만들고 프로듀싱을 하는 창의적인 작업에 더욱 뜻이 있었던 최진석 작곡가는 교수직을 내려놓고 2012년부터 본격적인 음악 작업에 매진했다.

"사실 뭐든 패기만 가지고는 힘들어요. 금방 사그라지죠. 자기가 원하는 게 뭐냐를 스스로 끊임없이 물어보면서 근성을 가지는 게 가장 중요한 것 같아요. 노력만 한다고 기회가 찾아오진 않거든요. 자신이 기회를 찾아 능동적으로 움직이는 게 중요하죠. 큰 아티스트들과 작업하려면 노력과 함께 자신을 충분히 어필할 준비가 늘 되어 있어야 해요. 기회가 올 때마다 조금씩 증명해내면 시간이 걸려도 큰 기회는 오더라고요."

안정된 교수직을 버리고 절치부심 끝에 음악 작업에 매진한 그는 2013년 11월 슈퍼주니어의 싱글 '캔디'로 일본 음악 차트 오리콘에서 2위를 기록했다. 이후 소녀시대, 에프엑스, 레드벨벳, 수지, 임재범, 손승연 등과 작업하며 국내와 해외 시장을 무대로 활동 중이다.

　"작곡가와 프로듀서로서의 꿈인 그래미 어워드(Grammy Award)에 가까이 가고 싶은 게 저의 큰 꿈이에요. 처음에는 막연했는데 조금씩 길을 걷다 보니 '아, 이제 멀지 않겠구나'라는 느낌이 있어요. 영화음악을 하면서 오스카와 그래미를 함께 도전하는 작곡가도 꿈꿔 봐요. 아시아 대표로서는 비즈니스적으로 아이디어도 내고, 그 안에서 업계의 흐름을 바꿀 수 있는 트렌드도 만들고 싶어요."

 **STAR 2**

박근태 작곡가

박근태 작곡가는 '트렌드 브레이커'로 불린다. 1992년 프로 작곡가로 데뷔한 이래 20여 년 넘게 한국 대중음악의 트렌드를 늘 새롭게 구축하고 있기 때문이다. 전무후무한 기록도 가지고 있다. 2013년 한 해를 제외하고는 1997년부터 2017년까지, 모든 해에 톱 100 순위에 자신의 곡을 올려놓았다.

그의 곡을 받은 가수는 이효리, 신화, 이선희, 신승훈, 백지영, 윤미래, 브라운아이드소울, 성시경, 샵, 룰라, 젝스키스, 쥬얼리, 에코, 아이유, 수지 등 셀 수 없을 정도다. '트렌드 브레이커'라는 별칭을 가진 작곡가답게 다양한 장르의 가수들이 그의 곡을 불렀다.

대중의 기억에 깊이 각인된 히트곡도 열거하기에 숨이 가쁠 정도다. 1990년대에는 젝스키스의 '폼생폼사'와 에코의 '행복한 나를', 2000년대에는 신화의 '브랜드 뉴', 브

▎박근태 작곡가 ⓒ 미스틱엔터테인먼트

라운아이드소울의 '정말 사랑했을까', 샵의 '내 입술 따뜻한 커피처럼', 백지영의 '사랑 안 해', 조피디&인순이의 '친구여'가 있고, 최근에는 아이유의 '하루끝'과 이선희의 '그중의 그대를 만나'가 있다.

박근태의 TIP 1. 이성과 감성이 조화를 이룰 때 곡의 창의성이 높아진다

작곡가에게는 어떤 자질이 가장 중요할까? 곡을 만드는 기술? 화성학과 청음 등 음악에 대한 기본 지식을 익히면 곡을 만들고 조합하는 기술은 누구나 할 수 있다. 심지어 학교에 다니지 않아도 인터넷에 떠도는 자료를 통해 독학으로 작곡을 할 수 있다. 현역 작곡가들은 곡에 무엇을 담고, 어떻게 표현할지가 관건이라고 강조한다. 결국 창의성의 문제로 귀결된다.

그렇다면 대중음악 작곡가의 창의성은 어떻게 만들어질까? 다양한 장르를 넘나들며 창의적인 작곡을 해온 박근태 작곡가는 개인적인 경험을 토대로 '이성과 감성의 적절한 조화'가 이뤄질 때 '곡의 창의성'이 높아진다고 굳게 믿는다. "작곡가라는 직업은 대중들이 생각하는 것처럼 감성적이기만 한 부류가 아닙니다. 3~4분 단위의 음악에 기승전결이 있고 하나의 스토리가 만들어져야 하므로 대중이 좋아하는 곡을 만들기 위해서는 매 단위마다 대중이 좋아할 수 있도록 논리적인 작업이 바탕이 돼야 합니다."

박근태 작곡가는 영화의 서사 구조를 통해 이 훈련을 한다고 했다. "영화는 사건의 전개가 함축적이고 임팩트가 있어요. 재미없는 영화와 잘 만든 영화, 슬픈 영화와 화끈한 영화를 내 음악에 대입시켜 보면서 탐구해봅니다. 대중이 어떤 영화를 좋아하고 그렇지 않은지에 대해 음악적 요소를 생각하며 보는 거죠."

음악의 기승전결을 잘 표현하기 위해서는 '작곡 습작'이라는 기본도 놓쳐서는 안 된다. "어릴 적에 작곡 습작을 정말 많이 했어요. 팝을 많이 들었는데, 음악을 계속 듣다 보면 베이스·피아노·보컬 등이 다 분리돼서 들립니다. 그걸 미디로 구현해보고, 카피하고, 분석하고, 해체하는 작업을 하면서 어떻게 만들었는지를 따라가 보는 거죠. 그걸 만든 사람의 고민에 집중하며 흡수하는 거죠. 음악을 만드는 건 끝없는 선택의 연속입니다. 왜 이 사람이 이렇게 했을까를 따져보면서 분석해보는 작업이 필요합니다."

박근태의 TIP 2. 가수의 강점을 파악하면
고정관념을 뒤집을 수 있다

대중문화는 항상 새로움을 원한다. 특히 트렌드의 첨병인 대중음악 작곡가는 더욱 간절하다. 매 작업마다 창의적인 관점이 필요하다. 박근태 작곡가는 아이비의 '유혹의 소나타'(2007)와 백지영의 '사랑 안 해'(2006)와 관련된 에피소드를 들려주며 고정관념을 뒤집는 것이 왜 중요하며, 그 방법에 대해 귀띔해줬다.

"2006년 당시 섹시 가수 1위는 이효리였어요. 아이비의 강점은 가창력이 좋고 춤을 추며 노래할 수 있다는 점이었죠. '관능적인 섹시함'은 누구나 상상할 수 있는 거였어요. 이걸 뛰어넘어야 한다고 생각했습니다."

그래서 수개월의 논의 끝에 도출한, 이효리를 넘어설 아이비의 콘셉트는 '고상한 섹시미'였다. "도박에 가까운 생각이었어요. 고상한 섹시미를 만들어내기 위해 클래식과 섹시함을 접목하려 했어요. 그걸 구현하려 정말 많은 클래식 음악을 들었습니다. 마감이 다가오는 중에 우연히

❙ 고정관념을 뒤집어 성공을 거둔 아이비의 '유혹의 소나타' ⓒ 정소희

떠오른 아이디어가 피아노곡 '엘리제를 위하여'를 접목시켜보는 거였어요. 이 곡을 모르는 사람은 없지만, 대중가요 중간에 집어넣는 방식은 혁신적인 시도였습니다. 가수 또한 드러내는 방식이 아니라 온 몸을 가린 의상으로 섹시미를 표현했고요. 그렇게 나온 노래가 '유혹의 소나타'입니다. 한 곡을 만드는 데 7~8개월의 시간을 들인 것이 아깝지 않게 결과는 대성공이었죠."

백지영의 경우 당시 재기를 노리고 있던 상황이었다. 주변 사람들은 백지영의 원래 강점인 댄스 음악을 추천했지만, 박근태 작곡가의 생각은 달랐다. "오랜만에 나오는 가수가 자신의 이야기를 고백적으로 들려주는 발라드곡이 오히려 대중들에게 매력적으로 다가갈 수 있을 것이라고 판단을 했어요. 진정성은 누구에게나 통하니까요." 그렇게 생각을 뒤집어 시도한 '사랑 안 해'는 현재까지도 명곡이 됐다.

고정관념을 뒤집고 모험을 시도하는 힘은 어디에서 기인하는 것일까? 박근태 작곡가는 해당 가수의 특성과 강점을 분석하고 도출한 곡 기획에 대한 믿음이라고 답했다. "모험은 구체적인 동기에서 나와야 해요. 가수의 특성을 가장 잘 파악하고, 무엇이 강점인지를 제대로 안 후에 콘셉트를 잡는 거죠. 저 같은 경우에는 가수의 목소리와 느낌을 끊임없이 생각하고 공부한 후에 기획을 잡습니다. 곡 기획이 탄탄하고 시도할 이유가 명확하면, 도박을 걸어보지 않을 이유가 없죠."

박근태의 TIP 3. 자기복제를 경계하라

수많은 작곡가들이 뜨고 지는 대중음악계에서는 한번 인기를 얻은 트렌드는 계속 반복되는 경향이 있다. 그러나 작곡가의 창의력을 위해서는 자기복제는 경계해야 할 일이다.

"작곡가들은 스스로의 창의성을 지키기 위해 노력해야 합니다. 대부분 히트곡을 한번 쓰면 비슷한 곡을 의뢰받는 경우가 많은데, 계속 비슷한 곡을 쓰다 보면 다른 도전을 하지 않아요. 창의성이 고갈되고, 내 생각에 갇히게 되는 거죠. 변화가 빠른 대중음악계에서 같은 스타일의 곡만 쓰다 보면 어느덧 뒤처지게 됩니다. 작곡가로서 가장 경계해야 할 부분이죠."

이는 박근태 작곡가가 미디움 템포 곡이었던 에코의

'행복한 나를'을 히트시킨 이후, 기묘한 행보를 보인 것을 이해할 수 있는 설명이다.

"에코의 '행복한 나를' 같은 곡이 히트하면서 미디움 템포 곡의 인기가 꽤 길게 갔어요. 하지만 저는 미디움 템포 곡을 딱 세 곡만 썼어요. 대신 그 시절에 다른 다양한 음악을 만들었죠. 물론 미디움 템포 곡을 썼을 때, 300곡은 더 쓸 수 있겠다는 생각이 들 정도로 대박이란 느낌이 왔어요. 그런데 제 꿈이 더 컸습니다. 음악을 재미있게 하고 싶고, 시간이 지나도 많이 불리는 노래가 있으면 좋겠다는 생각을 했어요. 어렵지만 보람된 길이죠. 자기복제를 하지 않은 덕분에 저는 여전히 트렌디한 곡을 쓸 수 있어요. 내 음악의 풀을 다양하게 확보해놓고 상상할 수 있는 게 가능해졌습니다. 작곡가로서 히트곡이 몇 십 곡 더 있다고 행복하진 않아요."

 **REVIEW**

직업인으로서의 대중음악 작곡가를 어떻게 전망할지 고민을 살짝 했다. 20년 전과 비교해 봤을 때 한국 대중음악의 인기는 비교도 할 수 없을 만큼 커졌으니 '그린 라이트'를 켜는 이야기를 해도 되겠다는 생각을 잠시 했다. 하지만 대중음악 작곡가라는 직업의 전망은 K팝의 인기와 같은 외부 상황이 아니라, 작곡가 본인이 '무엇을 가지고 있는지'가 직업의 지속성과 윤택한 삶을 결정짓는 중요한 요인이라고 결론지었다.

이는 창의성과 연관된 문제다. 최진석 작곡가와 박근태 작곡가의 이야기를 귀담아 들으면서 더욱 확신을 갖게 된 지점이다. 트렌드를 창조하는 작곡가가 될 것인가, 아니면 추종하는 작곡가가 될 것인가. 이를 판가름하는 것은 창의성이라는 작곡가의 생명수다.

문제는 창의성의 지속이다. 대중음악 작곡가를 평생의 직업으로 생각한다면, 창의성이 마르지 않는 샘물이 되도록 해야 한다. 조금 과장해서 말하면 60세가 되어도 청년 때처럼 무릎을 탁치는 아이디어를 내놓을 수 있어야 하지 않을까. 이 책을 읽는 당신이, 대중음악 작곡가의 길을 걷고 싶은 당신이, 이 문제의 해결책을 갖고 있다면, 더 이상 고민하지 말고 작곡을 시작하기를 바란다.

아직 자신이 없는 이들이라면? 박근태 작곡가의 접근법을 눈여겨봤으면 좋겠다. 그는 창의성의 지속 문제를 대중음악의 소비자인 '대중'에서 찾았다. "대중음악도 결국 대중들과 공감대를 형성하는 것이기에 일상생활에서 모티브가 될 만한 뭔가를 찾기 위해 항상 감각을 열어두는 편입니다. 예를 들어 주얼리의 '니가 참 좋아'에 들어간 '짝짝짝' 박수 소리는 어느 날 길을 걷다 유치원생들이 박수를 치는 모습을 보고 착안해서 곡에 반영한 거예요. 이렇듯 작곡가로서 항상 자신만의 창의성을 갈고 닦는 게 무엇보다 중요합니다. 트렌드를 읽기 위해 10대들이 자주 드나드는 사이트에 매일 접속하기도 하고요."

대중음악을 창작하는 과정에서 느낄 수밖에 없는 고통은 대중음악 작곡가에게는 숙명과도 같은 것이다. 작곡가 본인의 음악 세계와 대중의 취향 사이의 거리, 새로운 것에 대한 열망과 부담은 가슴 속의 무거운 돌처럼 있기 마련이다.

사실 해결책은 없다. 작곡가라는 직업의 이면으로 받아들이며 창작의 원동력으로 삼든가, 중도 포기하든가. 둘 중 하나를 선택할 수밖에 없다. 박근태 작곡가는 이렇게 말한다.

"대중들과 너무 똑같으면 익숙하고, 뒤지면 곡이 공감을 얻지 못합니다. 한 보 앞서면 대중들이 이해하기 어렵고, 딱 반 보 정도 새로움을 전해주는 것이 필요합니다. 요즘 엔 일반 리스너들도 워낙 음악 듣는 수준이 높아졌고 트렌드도 빠르게 바뀝니다. 그래서 작곡가로서 매 작품을 만들 때마다 고통이 따르는 것은 어쩔 수 없는 부분입니다."

 **RATINGS**

급여 수준

진입 장벽은 높지만 프로 작곡가로서 인정받으면 탄탄대로다.

취업 난이도

처음 작곡가로 입문해 인정받는 것이 녹록하지는 않다.

향후 전망

K팝에 대한 전 세계적인 관심으로 한국 작곡가들의 해외 활동이 늘고 있다.

업무 강도

창작의 고통은 피할 수 없다.

업무 만족도

창조적인 일을 좋아하는 사람은 큰 만족도를 얻을 수 있는 직업.

연예 작업의 발견

보컬
트레이너

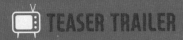 **TEASER TRAILER**

업무 개요	국내·외 대중가요 보컬 트레이닝
급여 수준	월 150만 원 · 사설 보컬 트레이닝 학원 신입 강사 기준 · 실력과 경력에 따라 상이
채용 방식	프리랜서
우대 경력	대중음악 관련 경력

📺 PILOT PROGRAMME

한국에서 보컬 트레이너라는 직업이 생겨나기 시작한 때는 대략 2000년대 초반이다. 보컬 트레이너 1세대라고 할 수 있는 가수 겸 작곡가 박선주가 SG워너비, 김범수, GOD 등 여러 가수들의 노래 트레이닝과 배우들의 발음 및 발성 트레이닝을 하면서 이름을 알렸다. 이후 가수 더원, 전봉진 등이 활동하면서 보컬 트레이너는 대중에게 더욱 알려졌다.

초기에는 가수 및 작곡가 출신의 보컬 트레이너들이 알음알음으로 가수들을 가르치는 수준이었다. 하지만 국내 대중음악 산업이 성장하면서 보컬 트레이너 수요가 늘어나기 시작했다. 특히 아이돌 그룹의 폭발적인 등장이 계기가 됐다. 가창력을 갖춘 가수가 아닌, 트레이닝이 필요한 가수 지망생들이 늘어나 체계적인 노래 훈련이 필수가 됐다. 최근에는 프로 가수를 지망하는 이들이 아닌 사람들 사이에서도 보컬 트레이너를 찾는 경우가 많아지는 모양새다. 학교와 직장에서 노래를 필요로 하는 일반인들이 레슨을 받는 경우가 점점 늘어나고 있다는 것.

이 같은 수요의 증가로 인해 대학과 학원계는 발 빠르게 움직였다. 전문대를 중심으로 보컬학과가 생겨났고, 보컬 트레이닝 학원들도 대폭 증가됐다. 정확히 집계되지는 않지만, 현재 보컬 트레이너라는 직업으로 활동 중인 이들은 수백 명에 이르는 것으로 알려지고 있다.

보컬 트레이너가 되는 길

보컬 트레이너가 되는 방법은 세 가지로 정리할 수 있다. 우선 실용 음악 계열에서 보컬을 전공하는 것이다. 보컬 트레이너로 활동할 수 있는 기본 경력으로 인정받을 수 있다.

두 번째는 인증 받은 보컬 트레이너 교육 기관을 통해 보컬 트레이너 자격증을 따고 활동하는 것이다. 예를 들어 최근 대학들이 평생교육원 내에 보컬 트레이너 자격증 과정을 만들고 이수 후 자격증을 수여하고 있다. 자격증을 획득하면 프로로서 활동할 수 있다. 하지만 나중에 설명하겠지만 업계 내에서 100퍼센트 신뢰를 받지는 못하고 있다.

　세 번째는 프로 무대에서의 경력을 바탕으로 활동하는 것이다. 더원을 비롯해 이영현, 박선주, BMK가 이런 경우다. 가수나 앨범 피처링, 코러스 가수 등 보컬 관련 경력을 쌓은 후 보컬 트레이너로 활동할 수 있다.

STAR

더원

가수 더원은 가요계에서 입지전적인 인물이다. 1998년 그룹 스페이스A 멤버로 데뷔했으나 처음에는 크게 빛을 보지 못했다. 절치부심을 해야만 했다. 강산이 한 번 변할 정도의 시간이 훌쩍 지나고 견뎌내자 '가수' 더원을 전국에 알릴 기회가 찾아왔다. 2012년 MBC '나는 가수다2' 가왕전에서 우승자로 등극한 것이다. 이후 중국으로 건너가 중국판 '나는 가수다'에도 출연하며 더원은 한류 스타로도 떠올랐다. '드라마 OST의 제왕'의 면모를 보이기도 했다. SBS '그 겨울 바람이 분다'〔2013〕, '추적자'〔2014〕, MBC '구가의 서'〔2013〕가 대표적이다.

하지만 실은 가수 더원은 오랜 시간 동안 '가수들의 보컬 트레이너'로 불렸다. 소녀시대·동방신기·플라이투더스카이·린·슈가·슈퍼주니어·에프엑스·김현중 등의 현역 가수와 배용준·이윤지 등의 배우까지 총 500여 명의

❙ 가수 겸 보컬 트레이너 더원 ⓒ 태양씨앤엘

제자를 양성했다.

TIP 1. 좌절의 시간을 노력의 시간으로 바꿔라

"고등학생이 되면서 진로 고민을 본격적으로 했어요. 나는 뭘 해야 할까를 곰곰이 생각하다 죽을 때까지 좋아하는 일을 해야겠다는 다짐을 했죠. 내가 뭘 좋아하는지를 탐구해보니 어릴 적에 할아버지 댁에 가면 전축에서 늘 흘러나오던 음악을 좋아했던 기억이 떠올랐어요. 평생 노래를 하면서 살아야겠다는 생각을 했죠. 그때 처음 가수의 꿈을 품었습니다."

그러나 가수의 꿈을 현실로 만들어내기가 녹록하지 않았다. 어떻게 가수가 돼야 할지 마땅히 알지 못했기 때문이다. 무작정 음악 잡지사를 찾아가보기도 했다. 그러다가 정보를 여기저기서 모아 오디션을 보기 시작했다. "제가 원래 노래를 잘해서 오디션도 안 보고 바로 가수가 됐다고 생각하는 분이 많은데, 절대 그렇지 않았어요. 쉴 틈 없이 열심히 보러 다녔어요. 초반의 제 목소리도 지금과는 많이 달랐고요."

더원은 결국 오디션을 통해 1998년 남녀 혼성 그룹 스페이스A에 합류했다. '주홍글씨'가 대표적인 노래다. 그러다가 2002년 솔로로 나서 정규 앨범 1집을 발표했는데, 대중의 반응이 뜨겁지 않았다. "당시 솔로 앨범이 큰 결과를 얻지 못하면서 더욱 연습에 매진했어요. 스물다섯 살부터 서른 살까지 하루에 10시간씩 매일 노래 연습한 게 기억이 나요. 체력을 키우기 위해 운동하고, 그리고 노래하는 게 제 일과의 전부였죠."

TIP 2. 혹독한 노력의 시간을 보상받는 때가 온다

"몇 년간 노래 공부에 매진하다 보니 어떻게 하면 소리가 잘 나고, 목이 쉬었을 때는 어떻게 이겨내는지, 여러 노하우가 자연스럽게 쌓였어요. 이걸 주변 가수들에게 하나둘 알려주다 보니 소문이 나서 노래를 가르쳐 달라고 오는 사람들이 생기기 시작했죠."

그러던 중 2004년 그룹 동방신기의 보컬 트레이너로 나선 게 인생의 결정적인 분기점이 됐다. "동방신기의 데뷔를 앞두고 8개월 정도 멤버들에게 노래를 가르쳤어요. 그때 동방신기 멤버들은 뭐든지 다하겠다는 자세를 가지고 있었죠. 마치 굶주린 늑대들 같았어요. 그런 태도에 감동 받아서 무조건 잘 가르쳐야 한다는 생각이 들었어요. 다행히 동방신기가 성공적인 그룹으로 자리 잡았죠. 그때 부터 거의 모든 가수 기획사에서 제게 보컬 트레이닝 의 뢰를 해왔어요."

이후 더원은 가수 활동을 하면서 동시에 보컬 트레이너 로 이름을 떨친다. 소녀시대·린·플라이투더스카이·슈퍼 주니어 등의 가수를 가르치고, 제자인 태연과는 2010년 듀엣 앨범을 냈다. 2015년 중국판 '나는 가수다' 출연 이후 에는 중국인들에게도 보컬 트레이닝을 의뢰받기도 했다.

"프로페셔널 가수, OST 가수와 함께 보컬 트레이닝에 도 큰 애정을 가지고 있어요. 국내에 사설 학원이 많이 생 겼지만, 아직까지도 보컬 트레이닝의 체계가 제대로 정 리되지 못했어요. 관련 서적을 봐도 너무 옛날 방식을 답 습하거나 클래식 창법만을 강조하는 책이 많기도 하고요. 기회가 된다면 보컬 트레이너를 위한 일에 기여하고 싶습 니다."

현재 그는 보컬 트레이닝 관련 책을 집필 중이다.

▎더원이 보컬 트레이너로 나선 그룹 '동방신기' © 연합뉴스

TIP 3. '왜 하는지'를 자문하는 게 우선

보컬 트레이너를 지망하는 이들에게 더원은 보컬 트레이너라는 흔치 않은 직업에 도전하는 이유를 집요하게 자문해보라고 권유한다. '선생'으로의 자세를 갖추는 게 중요하다는 의미다. 입시를 앞두고 지식만 전달할 수밖에 없는 '보습 학원 강사'와, 인성과 지식을 동시에 가르치는 '학교 선생님'을 비교하면 좀 더 이해가 쉬울 것이다.

"요즘 보컬 트레이너들이 늘어났어요. 대학을 갓 졸업한 20대 초반 친구들도 트레이너로 활동하는 경우를 종종 봅니다. 물론 실력이 있다면 레슨이 가능하겠죠. 하지만 보컬 트레이너를 왜 하려는지 스스로 먼저 답을 찾아야 할 것 같아요. 무언가를 표현하는 예술에는 끝이 없기 때문에 저 역시 지금도 노래를 배운다는 자세를 갖고 있어요. 그런데 단순히 돈을 벌기 위해 몇 가지 노래 테크닉을 가르치는 것이라면 그건 가짜가 될 확률이 높아요. 자신이 '선생님'으로서 누군가를 가르칠 자세와 실력이 돼 있는지를 점검해보는 것이 먼저입니다."

그래서 그는 노래의 기본기에 충실할 것을 강조한다. "예를 들어 서양 음악에서 소리를 낼 때는 얼마나 소리의 울림이 있느냐에 중점을 두고, 동양 음악에서는 부르는 이의 감정에 더 치중하는 경향이 있어요. 이런 걸 숙지한 상태에서 노래를 부르기 위해 필요한 기본기, 예를 들어 소리를 어떻게 내고, 소리에 어떤 종류가 있는지 등을 모두 익히고, 그걸 자신의 것으로 소화하고 가르칠만한 실력이 되는지 판단이 필요합니다."

더원은 보컬 트레이너로서 기본기를 쌓기 위한 방법을 하나 귀띔했다. 닮고 싶은 노래를 연습하면서 자신만의 방식으로 풀어내는 연습을 해보라고 권했다. "저는 그 사람이 먹고 마시고 접하는 모든 것이 노래를 만든다고 생각해요. 그렇기 때문에 사람마다 표현하는 언어가 조금씩 다 달라요. 자신의 감성이 이끌리는 노래를 찾아 연습하다보면 자신만의 장점, 그리고 앞으로 가르칠 이들의 색깔을 찾는 연습을 할 수 있을 거예요."

TIP 4. 트레이너는 정답을 주지 않고, 성장의 틀을 만들어주는 사람

보컬 트레이너가 '학생'을 앞에 두고 어떤 역할을 해야 할지 포지션을 설정하는 것도 중요하다. 학생은 때로는 가

수 지망생일 수도 있고, 회식에서 노래를 잘 부르기를 원하는 직장인일수도 있다. 각자의 수준에 맞춰서 스스로 노래의 답을 찾아갈 수 있게 해야 한다.

"우선 배우는 이의 실력의 크기를 가늠할 수 있어야 해요. 그 크기에 맞게 레슨을 하되 정답을 정해주지 않았으면 좋겠어요. 어떤 음악이 맞다, 또는 틀리다고 말할 수 없어요. 정답은 없어요. 보컬 트레이너의 역할은 학생에게 성장할 수 있는 틀을 만들어주는 것입니다."

운동 경기에 비유하면, 보컬 트레이너는 감독이 돼야 한다는 얘기다. "보컬 트레이너는 배우는 사람 위에 있는 권위자가 아닙니다. 옆에 있는 조력자나 상담자라고 생각해요. 감독이 권투 선수를 가르치듯이, 배우는 사람이 자신 앞에 놓인 과제를 스스로 풀 수 있는 지혜를 줘야 해요. 보컬 트레이너가 날카롭게, 처음부터 힘을 들이며 답을 정해주면 배우는 사람만의 색깔을 잃을 수 있거든요."

 **REVIEW**

'풍요 속 빈곤'

2017년 현재, 국내 보컬 트레이닝계의 현 주소다. 보컬 트레이너를 찾는 수요가 늘자 보컬 관련 학과도 점점 늘어나고, 보컬 학원도 우후죽순처럼 생겨나지만, 수요자가 수준 있는 보컬 트레이너를 만나기가 쉽지 않다는 이야기다.

더원도 이 문제를 심각하게 바라보고 있다. "현재는 보컬 트레이닝 학원들이 난립해 검증되지 않은 곳도 많고, 한 달 동안 가르칠 분량을 돈을 목적으로 4~5개월 간 가르쳐요. 영리 목적이 짙죠."

이 같은 현상은 보컬 트레이너 양성 및 인증 시스템이 제대로 구축되어 있지 않기 때문이다. 실제로 보컬 트레이닝을 하기에 적절한 실력이나 경력을 갖추지 못한 채 보컬 트레이너로 활동 중인 이들이 존재하기도 한다.

그래서 더원은 선배 보컬 트레이너로서 양성 시스템을 직접 손보고 싶은 마음이 있다. "보컬 트레이닝 커리큘럼을 체계화해 누구나 신뢰할 수 있는 국가 인증 제도를 만들고, 이를 취득한 사람들이 공인된 보컬 트레이너로서 활동할 수 있게 하고 싶어요. 아직은 아이디어 수준이지만 하나씩 차근차근 노력해 보려고 합니다."

보컬 트레이너의 길로 걷고 싶은 이들에게는 오히려 난세에 가까운 지금이 보컬 트레이너로서 자리 잡기에 적기일지도 모르겠다. 물론 '실력을 갖춘 상태'라는 전제하에서다. 더구나 업계 관계자들에 따르면 다행히 한국의 대중음악은 여전히 발전 가능성도 많고, 시장이 확대될 여지도 많다. K팝은 이제 세계 시장에서 하나의 장르로 인정받는 수준에 이르렀다. 앞으로도 계속 성장할 시장이라는 이야기다.

보컬 트레이너를 희망하는가. 그렇다면 우선 기본기를 갖추고 좌고우면하지 말고 매진해볼 것을 권한다.

 **RATINGS**

급여 수준
실력과 경력에 따라 매우 다르다.

취업 난이도
음악 관련 기본기를 갖춘다면 입문하는 길이 까다롭지는 않다.

향후 전망
프로 뿐 아니라 일반인들 사이에서도 노래 훈련에 대한 수요가 늘고 있다.

업무 강도
즐기면서 한다면 상당히 재미있고 보람된 직업이다.

업무 만족도
변화를 만들어내는 직업이 될 수 있다는 점이 큰 강점.

연예 직업의 발견

안무가

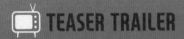 **TEASER TRAILER**

업무 개요	안무곡 연출
급여 수준	1곡당 500~1,000만 원 사이 • 방송 수입은 천차만별
채용 방식	수시 채용
요구 어학 능력	영어 • 해외 안무가와 협업이 늘고 있어 영어를 잘하면 유리
우대 경력	• 방송 관련 경력

📺 PILOT PROGRAMME

안무는 무대를 구성하는 데 빠질 수 없는 요소다. 대중음악은 귀만이 아니라 눈도 즐겁게 해줘야 하기 때문이다. 안무가의 역할이 점점 커지는 것은 당연하다. 대중음악계의 안무가는 곡의 안무를 창작할 뿐 아니라, 가수와 함께 무대에 서기도 한다. 노래의 표현력을 높여 무대의 완성도를 높이기 위해서다.

무대 연출에서 안무가의 비중이 높은 것은 전 세계적으로 일반적인 현상은 아니다. 해외에서는 춤을 표현하는 데 가수의 역할이 큰 반면, 한국에서는 안무가들의 비중이 좀 더 큰 편이다. 국내에서는 대부분 안무가가 직접 창작하거나 가수와 함께 논의하면서 발전시킨다.

꼭 무대 위가 아니더라도 국내 대중음악계 안무가의 입지는 더욱 확대되고 있다. 광고나 각종 행사에서도 안무가를 필요로 하는 경우가 늘고 있다. 정규 학제 안에 '춤'이 어느새 자리 잡고 있어, 안무가들이 학생을 가르치는 모습도 왕왕 볼 수 있다.

안무 팀 '프렌즈', 획을 긋다

국내 대중음악계에 전문 안무 팀이 등장한 시기는 1990년 대 초반이다. 1980년대까지 안무 팀은 주로 방송사에 소 속됐다. 'KBS 무용단', 'MBC 무용단' 등의 이름으로, 특 정 가수가 아닌 방송 무대를 꾸몄다.

그러다 가수 박남정이 만든 댄스 팀 '프렌즈'가 개별 가 수들의 안무를 담당하는 전문 안무 팀으로 발전했다. 가 수 엄정화의 안무 팀으로 활동한 것이 대표적이다. '프렌 즈'는 많은 댄서를 배출했는데, '서태지와 아이들'의 양현 석과 이주노, '클론'의 강원래와 구준엽 등 전설적인 댄스 가수들이 거쳐 갔다.

이후 댄스 음악이 큰 인기를 끌면서 댄서나 안무가들이 팀 단위로 활동하는 게 보편화됐다. 1990년대 후반 결성 된 안무 팀 '나나스쿨'의 경우, 한때 50명 이상의 댄서들 이 소속돼 있을 정도로 규모를 키웠다. 그 외에도 다양한 안무 팀이 이때 등장했다.

아이돌 시장의 성장 역시 안무 팀의 증가로 이어졌다.

현재 국내 연예계에는 약 100여 명의 안무가들이 활동 중
인데, 약 70퍼센트가 프리랜서이고, 나머지 30퍼센트가
YG엔터테인먼트나 JYP엔터테인먼트와 같은 연예 기획
사에 소속돼 있다.

흥미로운 것은 아이돌 그룹의 연령이 낮아지면서 덩
달아 무대에 서는 안무 팀의 평균 연령도 낮아지고 있지
만 안무가의 직업 수명은 점점 늘어나고 있다는 점이다.
2000년대 초반까지만 해도 안무가들은 보통 30대까지만
활동하는 경우가 많았다. 하지만 현재는 40대 안무가들도
상당수 현역으로 활동 중이다.

무대 구성 경험이 중요

국내 대중음악계에서 안무가가 되려면 인맥의 힘을 피할
수가 없다. 하지만 처음부터 네트워크를 가진 이가 어디
에 있겠는가. 안무와 관련된 학과에 우선 진학하기를 권
한다. 현재 10여 곳의 대학에 '스포츠예술학과', '방송댄
스학과', '무용예술학부'와 같은 학과가 있다. 교수진 대부
분이 업계에서 활약하고 있는 안무가들이기 때문에 전공
을 이수하는 과정에서 자연스럽게 취업에 도움을 받을 수

있다. 이왕이면 서울 쪽에 있는 학교에 입학하기를 바란다. 방송 활동이 서울에 집중되어 있기 때문이다.

두 번째는 직접 오디션에 응시하는 방식이다. YG, JYP 등 대형 연예 기획사들은 소속 안무가를 선발하는 오디션을 실시한다. YG의 경우, 1년에 1회 정식 오디션을 실시한다. 앞서 언급한 '나나스쿨' 같은 전문 댄스 팀도 마찬가지다. 모집 공고를 내고 오디션을 치른다.

세 번째는 댄스 대회에서 입상해서 존재감을 알리거나, 유튜브를 통해 자신의 춤 실력을 보여주는 방법이다. 연예 기획사나 전문 댄스 팀들은 소셜 미디어 서비스에 올라온 영상을 통해 춤 실력을 확인하고 직접 연락해 안무가로 발탁하기도 한다. 하지만 확률은 그리 높지 않다. 댄스 대회에서 입상을 해도 안무 팀에 들어가지 못하는 사례도 있다. 아이러니하게도 방송 경력이 문제다. 연예 기획사나 전문 댄스 팀들은 안무가 지원자들이 엄청난 춤 실력을 가지지 않은 이상, 조금이라도 방송 무대를 경험한 이들에게 문을 연다. 사실상 세 번째 방법은 초보 댄서들에게는 적절하지 않은 진입 루트라고 보면 된다.

오해를 피하기 위해 덧붙이면, 댄서라고 해서 모두 안

무가가 되는 것은 아니다. 댄서와 안무가는 다르다. 댄서는 가수와 더불어 무대 위에서 이미 구성된 퍼포먼스를 보여주는데 주력한다면, 안무가는 안무를 창작하고 이따금 가수와 함께 무대에 선다. 춤의 창작 여부가 댄서와 안무가를 가른다고 보면 된다.

그러니 안무가로 활동하기 위해서는 먼저 댄서로서의 경력을 쌓아야 한다. 어느 정도 연차에 안무가가 될 수 있는지는 단언할 수 없다. 다만 무대 구성에 대한 감을 익히는 데 보통 2~3년 정도의 시간이 필요하다고 한다. 모든 프로페셔널의 세계가 그렇듯, 경력이 짧더라도 실력이 검증되면 업계 전체를 움직일 수 있다.

STAR

정진석 안무가

서울종합예술학교 무용예술학부 전임 교수인 정진석 안무가는 한국 댄스 음악 역사의 산증인이다. 1990년대 말에 만들어진 전문 안무 팀 '나나스쿨'에 들어가 업계에 첫발을 내디딘 후, 핑클, 젝스키스, 쿨부터 세븐, 신화, 빅뱅, 소녀시대, 보아, 이효리, 2NE1까지, 내로라하는 국내 가수들의 안무를 도맡았다. 여전히 현직 안무가로 활동 중이기도 하다.

댄스 대회 입상 후 전문 안무 팀 입성

정진석 안무가는 고등학교 때부터 '프로 댄서'의 길을 걸었다. 운명이 바뀐 건 댄스 대회 입상이었다. "고등학교 때 댄스 동아리에서 활동을 했는데, 당시 우연히 나간 댄스 대회에서 2위를 차지했어요. 덕분에 방송 안무를 담당하시던 분을 만나 '방송할 생각이 있으면 연락하라'는 이

| 정진석 안무가(서울종합예술학교 무용예술학부 전임 교수)

ⓒ 정진석

야기를 들었죠. 그때부터 방송 안무 팀 '나나스쿨' 팀원으로 활동하게 됐습니다." 1998년의 일이었다.

대학 진학을 하지 않은 것은 아니었다. "본격적으로 방송을 배우려고 대학에 진학했는데, 그때만 해도 학내에 군기를 심하게 잡는 문화가 있었어요. 학교는 내게 도움이 되지 않는다고 판단해 한 달 만에 그만뒀죠."

정 안무가는 나나스쿨에서 일찌감치 두각을 나타냈다. 스무 살의 어린 나이에 신생 그룹 핑클의 안무를 책임지며 안무가로 데뷔했다. 그리고 그가 관여한 젝스키스의 곡이 연이어 히트하자 일거리가 몰렸다. "당시 샵, 코요태, 클레오 등의 신생 그룹부터 성시경 같은 발라드 가수들의 안무까지 의뢰가 줄을 이었어요. 정말 눈코 뜰 새 없이 일했어요. 낮에는 무대에 서고 새벽까지 안무 작업을 하며, 하루에 2~3시간만 잠을 자는 날들이 계속됐어요."

그의 명성은 계속 이어져 솔로로 나선 이효리, 빅뱅, 소녀시대, 신화 등 현재도 활동 중인 가수들의 안무에 관여하고 있다.

가수의 타이틀곡까지 바꾸는 '선구안'과 고집

안무가로서 확고히 자리를 잡으려면 단순한 '춤꾼' 이상이 되어야 한다. 대중의 취향을 저격하는 곡을 고르는 소위 '선구안'이 있어야 하고, 때로는 자신의 생각을 관철시키기 위해 소속사도 설득할 만큼 고집도 있어야 한다. 정진석 안무가가 관여한 이효리의 히트곡 '유고걸'이 그런 사례다.

"가수 이효리 씨가 1집 텐미닛으로 대대적인 성공을 거뒀지만 2집은 그보다는 못한 결과를 얻었어요. 그러고 난 후 3집을 준비했죠. 3집 타이틀곡으로 대히트를 친 '유고걸'은 사실 앨범 수록곡이 아니었어요. 가수와 제가 이 곡의 가능성을 봤고, 결국 반대하던, 가수의 회사를 설득해 이 곡으로 안무를 준비해 큰 성공을 거뒀죠. '유고걸'이 지금도 가수 이효리의 대표곡으로 회자될 때면 큰 보람을 느껴요."

정진석 안무가가 언급했듯이 당시 이효리는 솔로 가수로서 입지를 완전히 굳히느냐 하는 기로에 서 있던 때였다. 그런 상황에서 예기치 못한 성공을 거둔 것이다. 조력자 이상의 역할로 도움을 줬던 정진석 안무가 입장에서는 기쁨이 배가 될 수밖에 없었다.

아이돌 그룹 빅스의 경우도 정 안무가의 '멋진 터치'로 가수의 인생이 확 바뀐 사례다. 빅스는 앨범마다 뱀파이어, 저주 인형, 지킬 박사와 하이드 등 독특한 콘셉트를 내세워 '콘셉트돌'로 유명한데, 바로 이 콘셉트가 정진석 안무가의 머리에서 나온 것이다.

"빅스가 데뷔 후 큰 반향을 일으키지 못하고 있던 중 신곡 회의에서 제가 뱀파이어 콘셉트를 제안했어요. 당시 보고 있던 뱀파이어 만화에서 착안했죠. 아이돌 그룹이 과연 뱀파이어 콘셉트로 호감을 얻을 수 있을지 의견이 분분했는데, 일단 해보자는 쪽으로 의견이 모아져 딱 하루 만에 안무를 완성했어요. 결국 이 콘셉트로 성공해 빅스가 승승장구하는 토대가 만들어져 저도 상당히 기뻤어요."

무대 밖에서도 마스터클래스

방송 무대에 독보적인 존재감을 드러내자 다른 영역에서도 '한 수' 보여줄 수 있는 기회가 찾아왔다. 광고 영역이 바로 그중 하나. 2005년 삼성전자의 휴대폰 '애니콜' 광고 프로젝트인 '애니모션'이었다. 이 광고는 제품이 아닌 음악과 춤이 어우러진 스토리를 전면에 내세웠는데, 당시 화제가 된 이효리의 춤이 정진석 안무가의 작품이다. 광고에서 음악과 춤은 항상 보조적인 수단이라는 고정관념을 깬 파격을 불러일으킨 프로젝트이기도 하다. 유튜브에서 확인할 수 있는 당시 광고 영상은 지금 보아도 '와우'라는 감탄사가 절로 나올 만큼 출중하다. 정 안무가는 "새로운 시도를 하고 감사하게도 대중적으로도 좋은 반응을 얻었을 때 이 일에 큰 보람을 느껴요. 광고 프로젝트는 많이 하지는 않지만, 의미가 있다면 하는 편입니다"라고 말한다.

2011년부터는 본격적으로 무대 뒤에서 마스터클래스를 하고 있다. 서울예술종합실용학교 전임 교수가 된 것. 10여 년을 함께한 신화의 해외 공연이나 서태지의 25주년 기념 공연 등 굵직한 무대에 몸소 오르는 것 외에는, 나머지 시간 대부분을 학생들을 가르치는 데 할애한다.

최근에는 안무가 선배로서의 책무를 다하기 위해 노력 중이다. 근 20년 동안 안무가로 활약한 자신의 경험을 살려 후배 안무가들의 권익 향상을 위해 애쓰고 있다. "겉보기의 화려함에 비해 아직 안무가들에 대한 처우는 만족스럽지 않은 편이에요. 그래서 최근에 협회를 만드는 등 권익 향상을 위한 활동을 하고 있는데 이 일을 시작하려는 이들에게 도움이 되길 바랍니다."

안무가의 네 가지 자질

안무가의 자질을 묻는 질문에 정 안무가는 네 가지를 강조했다. 하지만 그에 앞서 먼저 해야 할 일이 있다고 말했다. 자신이 '이 일에 맞는지'에 대한 냉정한 판단이다. 누구나 춤을 좋아할 수 있지만, 직업으로서 지치지 않고 마주하는 일은 누구나 할 수 있는 게 아니기 때문이다.

"춤에 대한 사회적 관심이 폭발적으로 늘어나면서 단순히 '좋아한다'는 이유로 직업 안무가를 꿈꾸는 학생들도 많아졌어요. 그러나 현실은 프로 안무가로 살아남기가 가수가 되기보다 더 어렵다는 겁니다. 그저 좋아하는 마음으로 시작하는 거라면 취미로 즐기는 것을 추천합니다. 가수는 어려울 거 같으니 춤을 추겠다는 생각이라면 크게 착각하는 겁니다. 대학에 못 들어가니 교수를 하겠다는 생각과 다를 게 없어요. 프로 의식을 가지고 직업 안무가가 되기 위해 거쳐야 할, 힘든 일을 감수하겠다는 결심이 없다면, 취미로 즐기는 게 낫습니다."

TIP 1. 음악과 춤을 이해하라

정 안무가는 안무가의 자질로 가장 먼저 "음악을 듣고 이해하는 힘"을 꼽았다. "일단 다양한 음악을 좋아하고, 많이 듣고 이해할 수 있어야 해요. 춤도 마찬가지죠. 댄스의 트렌드는 시대에 따라 변해요. 1990년대부터 한국 대중음악계에서 유행하던 댄스 흐름도 재즈에서 펑키로, 힙합으로, 다시 걸스힙합으로 변화했어요. 이런 다양한 장르를 모두 알지는 못해도, 기본적으로 어떤 리듬을 가지고 있고, 어떻게 표현하는지 알고 있어야 합니다. 어떤 장르가 주류가 될지 모르니 기본적인 춤에 대한 이해도 당연히 있어야 하고요. 예를 들어 저는 팝핀 댄서는 아니지만 팝핀 안무를 창작한 적이 있습니다. 이렇게 장르에 대한 생각을 자기 스타일로 풀어내려면 각 장르에 대한 기본기가 우선이 돼야 합니다."

TIP 2. 틀에 얽매이지 마라

창작자로서 '일반적인 생각에서 벗어나는 것'도 주요 덕목이다. "춤도 결국 자신에 대한 표현이에요. 착실한 성격을 지닌 사람들은 춤에서도 꼼꼼함이 묻어나요. 주어진 콘셉트를 다르게 표현하는 힘이 자신만의 경쟁력이 됩니다. 새로운 작품을 구상할 때, 유사한 팀과도 달라야 하고, 구성이 비슷해도 자신만의 다른 무언가를 만들려면 창의력이 끊임없이 필요해요. 저 같은 경우에는 길거리를 걸으면서 춤을 구상하는 편이에요. 공기를 느끼고, 사람들을 관찰하면서 얻은 영감으로 작품을 풀어냅니다."

TIP 3. 체력과 팀워크는 필수다

체력도 필수 요소다. 댄서의 특성상 연습 시간이 길고 부상에도 노출될 수 있으며, 야간작업도 많은 편이기 때문이다. "좋아해서 시작했지만, 체력의 한계를 느껴 그만두는 경우도 있어요. 오래 무대에 서기 위해서는 자기 관리가 필수입니다."

팀워크가 중요하기 때문에 다른 사람과 협업할 수 있는 인성을 갖추는 것도 중요하다. "저는 팀원들을 뽑을 때 인

▎정진석 안무가는
주어진 콘셉트를 다르게 표현하는
힘이 경쟁력이라고 말한다.
© 정진석

성을 최우선시합니다. 한 사람 때문에 팀워크가 깨지고 불협화음이 나면 어떤 무대도 잘할 수 없으니까요."

TIP 4. 매력을 어필하라

무대에 서는 직업인만큼 외적인 조건도 무시할 수 없다. 안무가들은 뮤직 비디오에 출연하거나 무대를 같이 꾸미는 경우가 많다. 때문에 기획사 소속 안무가는 외모도 중시하는 편이다. 여기서 외모는 반드시 잘생기고 예쁜 것을 뜻하지는 않는다. 그보다는 외적으로 드러나는 매력이 중요하다. 정 안무가는 "꼭 수려한 외모여야 할 필요는 없지만, 몸으로 표현하는 직업인 만큼 춤추는 모습이 멋있어 보이거나 자신만의 매력이 드러나는 친구들이 유리합니다"라고 조언한다.

 **REVIEW**

K팝이 점점 세계적인 인기를 얻어가면서 K팝 댄스 역시 주가가 높아지고 있다. 정진석 안무가는 해외에서 자신이 만든 춤을 따라 추는 외국인들을 볼 때 신기하다고 한다. "저희가 추는 춤은 사실 대부분 서양에서 온 것이잖아요? 그런데 막상 서양인들이 우리가 만든 춤을 추고 있는 걸 보면 아직도 잘 실감이 안 날 때가 있어요(웃음)."

안무가 입장에서는 호재다. 안무가가 설 무대가 넓어지고 있다는 이야기이니까. 다행히 한국 안무가들의 수준은 세계적으로 겨뤄도 손색이 없을 정도로 뛰어나다. 어디에 갖다 놔도 성공할 것이다.

반면 안무가들에 대한 처우는 아직 K팝 댄스의 인기와 비례하지 않고 있다. 안무가의 한 곡당 안무비는 경력에 따라 500~1,000만 원 사이를 오간다고 한다. 무대에 오를 때는 정해진 출연료를 받는다. 여기까지만 들으면 '괜찮은데?'라고 생각할 수 있다. 하지만 이런 대우를 받는 안무가는 많지 않다. 정상급 안무가가 아니라면 일정치 않은 수입과 힘겨운 싸움을 해야 한다. 외국에서는 연습 기간에도 수당이 지급되지만, 국내에서는 연습 기간을 노동으로 인정하지 않는다. 최근에는 처우가 개선되고 있어 공연 리허설에 한해서 수당을 받고 있지만, 공연을 한 번 하려면 연습 기간이 길게는 한 달까지 필요해 여전히 개선을 요한다. 이 같은 이유로 대분의 안무가들은 개인 레슨이나 행사와 같은 부업을 하는 경우가 많다.

현재 대중음악 시장이 노래와 댄스가 패키지로 기획되고 팔리는 시장이라는 것을 감안하면 국내 안무가들의 이러한 처지는 매우 불공평하다. 더구나 안무가의 경쟁력이 K팝의 경쟁력으로 이어지는 중요한 요소라는 것을 고려한다면 안무가가 창작에 대한 대가를 지속적으로 얻을 수 있는 시스템 도입이 필요하다. 하지만 현재는 텔레비전에서 뮤직 비디오가 아무리 많이 재생되어도 음원에 대한 저작권만 인정된다. 정진석 안무가는 "한 곡의 안무가 인기를 얻으면 그만큼의 수입이 따라오는 게 맞는데, 안무가들을 위한 저작권 시스템이 아직까지 없어요. 안무가들의 자기 권리를 찾을 수 있는 시스템이 필요하고 K팝 활

성화를 위해서는 이에 대한 국가의 관심도 필요해요"라
고 말한다.

　노래보다 춤이 더 주목을 끄는 경우도 드물지 않은 시
대다. 춤을 사랑하는 이라면 매혹적인 무대를 만드는 안
무가의 길을 한 번쯤 꿈꿀 수밖에 없다. 하지만 발바닥에
진득진득하게 붙어 잘 떨어지지 않는 껌처럼 쉽게 벗어날
수 없는 현실의 장애물을 기꺼이 받아들여야 한다는 것을
잊지 않았으면 한다. 현실 때문에 이상을 가슴속에 고이
접는 경우가 생각보다 많다. 물론 당신이 꿈을 좇기로 결
심했다면, 끝까지 응원한다.

 **RATINGS**

급여 수준

연습도 노동이지만 대가는 없다.

취업 난이도

실력만 있다면 진입 장벽 자체는 높지 않다.

향후 전망

K팝의 활성화로 안무가들의 영역은 점점 확대되고 있다.

업무 강도

강한 체력과 자기 관리는 필수다.

업무 만족도

전 세계 사람들이 내 안무를 따라할 때는 전율을 느낀다.

Workplace

Stylist

Necessary O...

연예 직업의 발견

스타일리스트

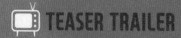
TEASER TRAILER

업무 개요	아티스트 스타일링, 광고 또는 브랜드 스타일링
급여 수준	인턴 기준 월 100만 원 내외 • 5년 차 이상 실장급은 역량에 따라 월 수입 300~500만 원 이상
채용 방식	수시 채용
요구 어학 능력	영어
유용한 제2외국어	프랑스어, 이탈리아어
우대 경력	패션업계 관련 경력

📺 PILOT PROGRAMME

스타일리스트는 '대상의 스타일을 담당하는 사람'이다. 《패션전문자료사전》에 따르면 스타일리스트는 1)의류 기업에서 오리지널 디자인을 변형해 나가는 전문가, 2)매거진 등의 매체에서 편집 테마에 따라 제작에 협력해 가는 전문가, 3) 광고나 모델, 배우의 의상을 담당하는 전문가, 4) 패션쇼 연출의 스태프로 모델의 스타일링을 담당하는 전문가 등으로 세분화 된다.

국내에서 '스타일리스트'라는 명칭을 쓰기 시작한 때는 2000년대 초반부터다. 당시만 해도 대부분의 스타일리스트들이,《패션전문자료사전》에서 구분한 세 번째 스타일리스트, 즉 연예인들의 스타일링을 담당하는데 충실했다. 방송과 행사에 얼굴을 내비치는 연예인들과 동선을 함께 하며 그들의 비주얼을 맡았다. 이후 스타일리스트들은 광고, 방송, 패션 등 다방면에서 활약 중이다. 이 과정에서 이름이 알려진 스타일리스트들은 브랜드 및 홈 쇼핑과 협업을 했고, 나아가 직접 브랜드를 론칭했다.

국내 현업 스타일리스트만 약 1,000명

이러한 국내 스타일리스트 업계의 흐름을 가장 상징적으로 드러내는 이가 바로 국내 스타일리스트의 1세대라고 할 수 있는 김성일과 정윤기다.

김성일은 김남주, 엄정화의 스타일리스트로 유명하다. 프리랜서 신분으로 활동하는데 최근에는 여러 브랜드들과 협업을 하며, 패션 관련 대학 강사, 저술가(《아이 러브 스타일》(2009))로도 활동하고 있다. 홈 쇼핑에서도 쉽게 모습을 볼 수 있다.

고소영, 전지현의 스타일리스트로 유명한 정윤기는 회사를 운영 중이다. 패션 홍보대행사 '인트렌드'라는 회사인데, 스타일리스트로서는 흔치 않은 경우다. 정 대표 역시 대학 강의와 패션 관련 저술(《올 어바웃 스타일》(2009))을 통해 자신의 영역을 확대하고 있는 중이다.

사실 두 사람에게는 국내 스타일리스트 시장의 초창기 진입자라는 프리미엄이 있었다. 당시 이 업계가 블루오션이었다는 이야기다. 2017년 현재에는 상당히 많은 스타일리스트가 활동 중이다. 국내에서 자신의 팀을 운영하는 스타일리스트가 대략 200명. 이들과 함께 일하는 팀원이 4~5명이라고 한다면, 대략 1,000명의 스타일리스트가 뛰고 있는 셈이다.

스타일리스트 대부분이 프리랜서

국내 스타일리스트들은 대부분 프리랜서다. 개인 자격이든, 팀에 소속되든 마찬가지다. 스타일리스트 대다수가 프로젝트별로 팀을 구성해서 움직이는데, 개인은 프리랜서 자격으로 팀에 합류해 일을 한 다음 성과를 나눈다. 그래서 팀에 합류할 스타일리스트를 알음알음으로 구하는 경우가 많다. 물론 앞서 이야기한 정윤기 대표가 이끄는 '인트렌드', 이후 언급할 박만현 대표의 'PR라인'이 있기는 하지만, 회사에 소속돼 일하는 스타일리스트는 소수다.

이제 막 스타일리스트에 관심을 갖기 시작했다면, 우선 가끔씩 진행되는 공개 채용에 관심을 기울이기를 바란다. 자신이 무엇을 갖춰야 할지 대략의 감을 잡을 수 있을 것이다. 좀 더 적극적으로 움직이고 싶다면, 관심이 있는 스타일리스트 팀에 직접 연락을 해보는 것도 방법이다. 소셜 미디어가 활성화된 세상에서 살고 있으니 몇 번의 클릭만으로도 쉽게 닿을 수 있을 것이다.

4년제 대학 졸업장, 필수 아니다

스타일리스트 업계에서 일하려면 4년제 대학 졸업이 필수적이지는 않다. 4년제 대학의 의상디자인 관련 학과를 졸업하면 취업 추천을 받을 수 있기는 하지만, 꼭 관련 학과를 졸업해야 하는 것은 아니다. 오히려 현재 활동 중인 스타일리스트들은 4년제 대학 출신이 아닌 경우가 더 많다.

최근에는 스타일리스트 관련 전문학교도 많이 생겨나고 있는데 학교를 고를 때는 '현업에서 일하는 스타일리스트' 인지를 살펴보는 것이 유리하다. 전문학교의 커리큘럼이 현장과 동떨어진 것이라면, 이를 배운 졸업생이 현업에 나서도 도움이 되지 않는 경우도 이따금 있기 때문이다.

STAR

박만현 PR라인 대표

박만현 PR라인 대표는 스타일리스트 2세대에 해당한다. 2002년부터 스타일리스트로 활동하다 남성지 에디터, 브랜드 크리에이티브 디렉터를 거쳐 패션 홍보대행사 대표로 영역을 넓혔다. 15년이라는 짧은 시간 동안 업계를 이끄는 위치에 오른 것이다. 대기업에서 회사원으로 일했다면 차장 정도의 직급에 올랐을 연배다.

TIP 1. 본인의 관심사를 최대한 빨리 파악하라

스타일리스트로서의 첫발은 행운을 거머쥐면서 시작됐다. 본인의 관심사를 일찌감치 파악한 박만현 대표는 자신 앞에 툭 던져진 인연의 끈을 서슴없이 집어 들었다. "대학 때 전공이 산업디자인이었어요. 하지만 어릴 적부터 옷에 대한 관심이 많았어요. 졸업반인 4학년 2학기 때 스타일리스트로 인턴을 하고 싶다는 생각을 했는데, 스타일리스트 실장님을 우연히 알게 되어 어시스턴트로 첫발을 내디디게 됐죠."

　3년 동안 연예인 스타일리스트 일에 몰두하다가, 남성지 패션 에디터로 자리를 옮겼다. 〈ARENA〉였다. 스타일리스트의 일과 일맥상통하는 부분이 많았고, 새로운 도전이자 배움의 장소였다. "각 디자이너 브랜드와 협업하고, 해외 디자이너 인터뷰를 하면서 패션에 대한 시각을 넓힐 수 있는 계기가 됐어요. 아티스트 스타일리스트로만 활동할 경우, 해당 아티스트의 옷에만 집중해서 콘셉트를 잡고 진행하면 되는데, 패션 에디터는 패션업계 자체를 무대로 기획하는 일이라 제게는 멋진 기회였죠."

　4년간 〈ARENA〉 패션 에디터로 재직한 후, 박만현 대표는 다시 스타일리스트로 돌아가기로 마음먹었다. 이번에는 누군가의 밑이 아니라, 완벽한 홀로서기를 꿈꿨다. 생각은 현실이 됐다. 본인이 주도하는 스타일리스트 팀을 만들어 본격적으로 활동을 시작했다. 그를 거쳐 갔거나 현재 함께하고 있는 스타만 해도 약 30여 명. 한효주, 정우성, 소지섭, 전도연, 하정우, 배두나, 김선아, 송중기 등이 있다.

때마침 방송 출연도 이어지면서 대중에게 '스타일리스트 박만현'을 알릴 수 있는 기회도 잡았다. 2007년부터 MBC '무한도전'과 '섹션TV 연예통신' 등 인기 예능 및 연예 프로그램에도 잇달아 출연했다. "방송 활동을 하면서 재미있는 일을 시도할 수 있었어요. 패션 에디터를 경험했을 때처럼, 스타일리스트라는 직업을 확장해 다양성을 맛보고 타진할 수 있는 기회였죠. 요즘 스타일리스트들은 '옷을 스타일링한다'는 데서 벗어나, 본인의 능력만 된다면 방송 기획에 도전하고, 브랜드 비주얼 디렉터나 크리에이티브 디렉터 등 여러 영역으로 확장해갈 수 있어요."

TIP 2. 어느 순간, 네트워크가 이어진다

박만현 대표의 경력을 듣다 보면 한 분야에서 성공한 이들만이 가질 수 있는 이점을 발견할 수 있다. 10년 이상 한 분야에서 일을 하면 자연스레 네트워크가 형성되고, 유관 분야까지 넘나들 수 있는 기회가 생기는데, 박 대표가 바로 그러한 경우다. 현재 그는 스타일리스트 팀 '박만현 쇼룸', 패션 홍보대행사 PR라인, 연예기획사 JI&H 미디어, 모델 에이전시를 통합해 'PLK 그룹'을 이끌고 있다.

"처음부터 '뭘 해야지'라고 의도했다기보다 일하면서 자연스럽게 패션과 엔터테인먼트 업계 인맥도 많아졌어요. 그리고 그 과정에서 스타일리스트 외에도 여러 영역에 대한 요청을 받으면서 일하는 범위가 넓어졌고요. 개인적인 생각으로는 패션과 엔터테인먼트 분야 자체가 끝없이 창의성을 요하는 분야이기에 늘 새로운 그림을 그리고 확장해가려는 관점이 중요해요."

끊임없이 도전을 이어온 박만현 대표는 앞으로 어떠한 길을 걷고 싶은 것일까? 그는 "나만의 브랜드를 론칭하는 것, 그리고 현재 회사에 소속돼 있는 모델들이 배우로도 발판을 다질 수 있도록 매니지먼트를 하는 것이 목표"라고 말한다. 패션을 넘어 엔터테인먼트 분야까지 아우르고자 하는 그의 의도가 엿보인다.

TIP 3. 드레스 하나를 위해 25개 브랜드를 접촉하는 노력
앞서 언급했듯이 국내 스타일리스트들의 99퍼센트는 프리랜서로 일한다. 홀로 일하는 경우도 있고, 리더격인 스타일리스트 밑에 4~5명씩 팀을 이뤄 일하기도 한다. 박

만현 대표의 경우에는 스타일리스트 회사를 만들어 체계적으로 교육하고 일하는 방식을 택했다. 이런 경우는 매우 드물다. 박만현 쇼룸 스타일링 팀과 정윤기 스타일리스트가 운영하는 팀이 대표적이다.

"현재 7명의 스타일리스트가 회사에서 함께 일하고 있어요. 일반 회사처럼 처음에는 인턴으로 입사해 3~6개월 동안 일하며 의류에 대한 기본 지식이나 현장에서 일하는 감을 익힌 후 자신이 원하는 분야에서 일하게 합니다. 사람에 따라 광고 스타일링, 아티스트 스타일링 등 각각의 장점을 극대화할 수 있는 부분이 나오더라고요. 보통 경력 2년이 넘으면 대리, 5년 차가 넘으면 실장이 되어 팀을 주도할 수 있지만 개인의 역량에 따라 편차가 많은 것이 사실입니다."

수입은 천차만별이다. 프리랜서로 일하는 스타일리스트들의 경우, 촬영이나 행사 때 매 건당 보수를 지급받고, 드라마의 경우에는 한 작품 기준으로 지급받는다. 아티스트의 회사와 일하는 경우에는 회사에서 급여를 받는다.

업무 강도도 개인마다 다르다. 아티스트를 담당하는 스타일리스트라면 드라마나 영화 촬영 때는 해당 아티스트

| "스타일리스트의 일의 양은 노력 여하에 따라 적을 수도, 엄청나게 많을 수도 있어요." ⓒ 박만현 쇼룸

와 계속 동행해야 한다. 옷 하나 고르는 데도 엄청난 공을 들여야 한다. "예를 들어 시상식의 경우, 여배우의 드레스 하나를 고르기 위해 보통 브랜드 20~25곳을 돌아다니며 해당 배우에게 가장 잘 맞는 드레스를 찾습니다. 촬영 하나, 행사 하나를 위해서도 해당 촬영의 분위기와, 함께하는 사람들에 맞는 의상을 정하고 골라야 돼요. 정성을 쏟아서 한다면 쉼 없이 노력해야 하는 일이죠."

"물론 그렇게 해서 결과가 잘 나왔을 때는 뿌듯함도 배가됩니다. 한번은 매거진 촬영을 하는데 무려 15명의 모델들을 스타일링한 적이 있어요. 정말 숨 쉴 틈도 없이 일했는데 사진이 만족할 만큼 멋지게 나왔을 때는 무척 뿌듯했습니다. 시상식 때 심혈을 기울여 고른 드레스를 입은 여배우가 베스트 드레서로 선정될 때도 제 일에 대한 큰 자부심을 느끼는 순간입니다."

스타일리스트의 일을 정량적으로 계산할 수는 없다. 얼마나 고민하고 노력하느냐에 따라 결과가 달라지기 때문에 자신의 육체와 정신이 허락하는 한도 내에서 최대한 노력할 뿐이다. "아티스트가 인터뷰를 할 때도 스타일리스트가 자신만의 노력을 보여줄 수 있어요. 옷을 고를 때

그 아티스트가 지닌 이미지나 어필하고 싶은 부분을 강조해 스타일링 한다면 차별화된 스타일링이 가능하죠. 그렇게 해서 남다른 결과를 인정받으면 해당 아티스트가 계속해서 찾게 되겠죠. 이처럼 스타일리스트의 일의 양은 노력 여하에 따라 적을 수도, 엄청나게 많을 수도 있어요."

TIP 4. 섬유와 디자인 지식이 있으면 훨씬 유리

스타일리스트가 되기 위해 필요한 것을 묻는 질문에 박 대표는 가장 먼저 "환상은 금물"이라는 말부터 했다. "스타일리스트에 대한 막연한 환상을 갖고 업계에 입문하는 친구들이 꽤 있어요. 하지만 모든 일이 그렇듯 처음에는 옷을 가져오고 반납하는 일, 영수증을 챙기는 일 등 기본이 되는 일부터 시작합니다. '멋진 일'이라고만 생각하기에는 업무 강도도 높은 편이고요."

그래서 그는 아무 정보 없이 막연하게 '스타일리스트가 돼야겠다'는 생각보다는 자신이 생각하는 롤 모델이나 원하는 스타일 등을 심도 있게 고민해보면서 꿈을 키울 것을 추천한다. "저 같은 경우 시각 디자인을 배워서 남들에 비해 색감을 잘 읽는 편이에요. 스타일리스트를 꿈꾼다면 의상에 관련한 서적이나 기본 지식을 익히고, 패션 매거진 등을 통해 관심을 갖는 게 우선일 것 같아요."

스타일리스트에게 고학력이 반드시 필요한 자격 요건이 아니라고 앞서 말했다. 다만 자신만의 공부를 끝없이 이어가야 하는 직업이다. "현역 스타일리스트로 활동하시는 분들 중에는 4년제 대학을 졸업한 분들이 많지 않은 편이에요. 보통 20대 초반부터 시작한 경우가 많거든요. 하지만 이후 대학 강단에 설 목표가 있다면 4년제 대학을 졸업하는 것도 추천합니다. 최근에는 특성화 고등학교도 많이 생겨서 진로를 일찍 택한다면 고등학교 때부터 관심을 가지고 공부할 수 있을 겁니다. 의류 전공 공부를 하는 게 필수는 아니지만 섬유나 디자인 쪽으로 기본 지식이 있다면 훨씬 유리해요. 의상이나 패션 디자인에 대해 기본 지식이 부족하면 본인 스스로 한계를 느낄 거예요."

TIP 5. 여행 경험, 어학 능력은 반드시 필요

박만현 대표는 여행, 영화 등 직·간접적인 경험을 통해 우리와 달리 살아가는 이들의 삶과 문화를 알아가기를 적극 추천한다. "저는 무엇보다 여행을 많이 권하고 싶어요. 개인적으로는 프랑스를 여행하면서 그곳의 길거리 패션에서 영감을 많이 받았거든요. 또, 해외 출장길에 본 수많은 이미지들이 저의 스타일링에 도움을 줬어요. 고전 영화나 패션에 대한 영화도 생각의 폭을 넓힐 수 있는 좋은 매개체입니다."

어학 능력 역시 매우 강조한다. "영어를 잘한다면 무조건 유리해요. 기회가 된다면 교환학생이나 2~3년 동안 외국에서 공부하면 경쟁력을 기를 수 있어요. 외국 출장 시에 영어가 유창하면 그만큼 인연을 만들 수 있는 기회를 많이 얻고, 폭넓은 영역을 개척할 수 있을 겁니다."

하지만 이 모든 것의 기본이 되는 것은 '열정과 체력'이라고 강조한다. "내가 이걸 왜 하고자 하는지 자신의 열정에 대해 되새김질하는 게 필요해요. 그 열정이 없다면 강도 높은 업무와 시간에 쫓기는 일이 그저 부담일 수 있거든요. 체력도 중요합니다. 업무 특성상 이동이 잦고, 때론 늦게까지 일해야 하는데 체력이 달려서 일을 그만두는 친구들도 종종 봅니다. 체력을 잘 관리해야 해요."

 **REVIEW**

'업무 강도'로만 놓고 보면 스타일리스트는 힘든 직업이다. 촬영이 밤에 있든 새벽에 있든 수많은 의상을 완벽하게 준비해야 하고, 경우에 따라 긴 이동 거리도 감내해야 한다. 더욱이 프리랜서라는 불안정한 신분을 기본적으로 받아들여야 한다.

박만현 대표의 언급처럼, 스타일리스트는 "창의적인 생각을 하고 남다른 아이디어가 필요한 직업"이다. 아티스트에게 단순히 아름다운 의상을 가져다주는 일이 아니라, 가벼운 행사를 가더라도 어떤 옷을 입어야 할지, 공식적인 행사라면 어떻게 격식을 갖출지, 분위기를 어떻게 연출할지를 계속해서 고민해야 하는 것이 이들의 직업적 숙명이라는 의미다. 그렇다면 앞서 언급한, 필자가 관찰자 입장에서 본 스타일리스트들의 어려움은 사실 어느 직업이든 겪을 수밖에 없고 감내해야 하는 것들이 아닌가 싶다.

미국의 심리학자 앤더스 에릭슨은 그 유명한 '1만 시간의 법칙'을 주장했다. 어떤 분야의 전문가가 되기 위해서는 하루 3시간씩 훈련할 경우 약 10년의 시간이 필요하다는 내용이다. 스타일리스트 역시 10년 정도 몸담으면 '전문가'라는 이야기를 들을 수 있다. 물론 투여하는 시간은 그보다 훨씬 많아야 한다. 박만현 대표에 따르면, 스타일리스트 1~5년 차는 이 직업의 세계를 경험하고 인간관계를 쌓는 시간이다. 6~10년 차에는 자신만의 콘텐츠와 관계를 만들어가는 과정이다. 이후부터는 자신이 꿈꾸는 기획과 비전을 그려보며 하나씩 실행하는 단계다. 결국 10년이라는 시간을 어떻게 채우고, 얼마나 잘 버티느냐에 따라 스타일리스트로서 성공 여부가 판가름 난다고 할 수 있다.

스타일리스트는 패션과 엔터테인먼트 산업에 대한 관심도가 높아질수록 확장성이 커지고 있는 직업이다. 스타일리스트로 시작해 엔터테인먼트사의 대표가 되거나 브랜드의 크리에이티브 디렉터로도 활약할 수 있다. 박만현 대표는 "스타일리스트로만 활동하는 것도 좋지만 본인만의 콘텐츠를 만들어 자신만의 개성, 카테고리에 대한 입지를 확립시켜 놓으면 다방면으로 할 수 있는 일들이 많아집니다. 매체 기획, 엔터테인먼트 업계의 일을 할 수 있죠. 단순히 '스타일링'이라는 업무에만 집중하기 보다는 일을 통해 여러 상상의 나래를 펼쳐 기획해 보는 꿈을 가지면 좋겠습니다"라고 조언한다.

 **RATINGS**

급여 수준

어디서나 처음은 쉽지 않지만 스타일리스트로서 입지를 굳힌다면 이후 수입은 폭등할 수 있다.

취업 난이도

진입 장벽이 높지는 않다.

향후 전망

패션과 엔터테인먼트 산업에 대한 관심이 늘어나면서 스타일리스트의 영역도 넓어지고 있다.

업무 강도

체력도 스타일리스트의 필수 요건!

업무 만족도

어느 정도 본인이 업무 계획을 짤 정도의 위치가 되면 만족도도 높아진다.

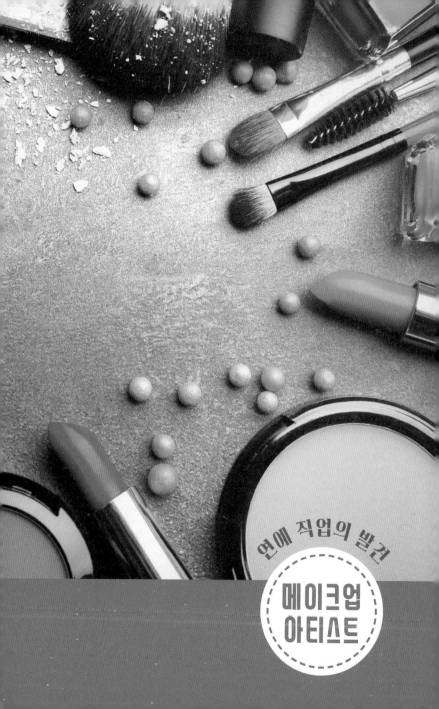

연예 직업의 발견

메이크업
아티스트

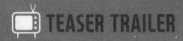 **TEASER TRAILER**

업무 개요	장르 및 작품의 내용, 인물의 성격에 따라 출연자를 분장
급여 수준	연봉 1,700~1,800만 원선 · 일반 숍 인턴사원 초봉
채용 방식	수시 면접 채용
우대 경력	메이크업 관련 학과 졸업 또는 관련 현장 경력

📺 PILOT PROGRAMME

메이크업 아티스트(Make-up Artist)는 방송, 영화, 광고 등의 장르, 작품의 내용, 인물의 성격에 따라 출연자를 분장하는 이다. 메이크업의 목적을 먼저 파악한 후 출연자 외모의 특성, 의상에 따라 적절한 화장법을 선택한다. 개인마다 다른 피부 톤, 머리 색상, 의상 등을 고려해 색조 화장을 하고, 눈썹 아이라이너와 립스틱 등으로 자신만의 화장 기법을 선보인다.

엔터테인먼트 산업이 성장하면서 메이크업 아티스트에 대한 요구는 점점 늘어나는 추세다. 메이크업 아티스트가 방송사에 고용되거나, 개별적으로 연예인들의 전속이 되는 것은 익히 알려진 사실이다. 최근에는 세부 영역별로 전문 메이크업 아티스트를 필요로 하고 있다. 이를테면 영화, 광고, 패션, 포토 전문 메이크업 아티스트가 있다. 광고와 영화의 경우에는 전문적인 '회사'가 전담하는 추세이고, 매거진 화보의 경우에는 '프리랜서 팀'이 맡는 경우가 많다. 전속 메이크업 아티스트가 없는 연예인들의 메이크업은 일반인 메이크업도 겸하는 '일반 미용숍'에서 하는 경우가 많다. 상황이 이렇다 보니 자신의 이름을 전면에 내세운 메이크업 아티스트들도 속속 생겨나고 있다.

엔터테인먼트 산업의 성장이라는 시대적 흐름이 아니더라도, 메이크업 아티스트에 대한 니즈는 더욱 높아지고 있다. 일반인들도 외모에 대한 관심이 점점 커지면서, 자신의 메이크업에 대해 컨설팅을 받는 시대가 도래했기 때문이다.

메이크업 기술보다 중요한 게 있다

메이크업 아티스트가 되려면 미용고등학교나 전문학교, 전문대학 및 대학교에 개설된 미용 관련 학과에서 공부하는 걸 추천한다. 메이크업은 물론이고 피부 관리, 헤어 디자인 등 미용과 관련된 다양한 분야의 이론과 실기를 전문적으로 배울 수 있다. 성신여대의 경우 4년제 대학으로서는 흔치 않게 '메이크업디자인학과'를 개설해 '학문'으로서의 메이크업에 접근할 수 있는 길을 열었다.

학교는 아니지만 현장에서 실전을 통해 기술을 배울 수도 있다. 전문 메이크업 아티스트의 보조로 활동하며 실무 경력을 쌓는 것이다. 하지만 보조로 일을 하려면 기본적인 기술이 있어야 하니 방송 아카데미나 화장품 업체에서 이뤄지는 수업을 통해서라도 익혀야 한다.

메이크업 아티스트는 헤어 디자이너나 스타일리스트와 협업하는 경우가 많다. 이 때문에 헤어, 피부, 의상, 액세서리 등에 대한 다양한 지식을 쌓아두면 업계에서 살아남기에 유리하다. 또한 예술적 감수성이 있어야 하는 분야이기 때문에 색채나 미술에 관한 공부를 하면 업무에 큰 도움이 된다.

미용 숍을 기준으로 말하면, 신입 직원이 3~4년의 경력을 쌓으면 디자이너가 되고, 7년이면 실장급이 돼 독립할 수 있다.

STAR

설은 꿈나나 메이크업 원장

설은 원장은 경력 15년이 넘은 베테랑 메이크업 아티스트다. 홍익대학교 대학원 색채학 석사를 거쳐 프랑스 파리 ITM 메이크업 스쿨 과정을 수료했다. 이철 헤어커커 청담본점 메이크업 실장 3년, 고원 메이크업 부원장 4년을 거쳐서 2016년 자신이 직접 운영하는 꿈나나를 서울 청담동에 열었다.

설은 원장은 그동안 모델 장윤주, 배우 신민아, 가수 윤아를 비롯한 스타급 연예인들의 메이크업을 담당했고, 〈보그〉, 〈엘르〉, 〈코스모폴리탄〉 등의 패션 화보 작업도 참여했다. 2014년부터는 인도네시아에서 뷰티 쇼 행사를 여는 등 해외 진출에도 적극적으로 나서고 있고, 2017년 현재 동남보건대학 피부미용학과 겸임 교수로도 재직 중이다.

❙ 설은 꼼나나 메이크업 원장 © 설은

TIP 1. 꿈은 최종 목표가 아니라 방향이다

"어릴 적에 할리우드 영화를 보면서 특수 분장에 흥미를 갖게 됐어요. '아, 내 길은 저거구나' 싶어서 메이크업을 전문적으로 공부한 후 할리우드로 유학을 가고, 이후에 미국 현지에 진출해야겠다고 생각했죠."

시발점은 특수분장사였다. 메이크업은 자신의 꿈을 실현시키기 위한 과정에 불과했다. 국내 대학에 메이크업학과가 처음 생겼을 때, 설은 원장이 망설임 없이 지원한 이유였다. 하지만 사실은 특수 분장보다는 다른 사람을 아름답게 만드는 데에 적성이 있다는 사실을 공부 도중에 알게 됐고, 메이크업 아티스트를 하기로 마음을 바꿨다.

대학 졸업을 코앞에 둔 시점에 지인의 추천을 받아 방송국 분장 팀에 들어갔다. 메이크업 아티스트로서 첫 경력이었다. 지금은 한류 스타가 된 장근석이 출연한 아동용 영어 비디오 촬영 현장에서 메이크업을 담당했고, '삐삐요리방'이라는 요리 프로그램(1998년 방송)에서도 일했다.

"사실 '삐삐요리방'의 제작 여건이 좋지는 않았어요. 차비 정도만 줄 수 있다고 했어요. 하지만 그저 일하는 게 좋아서 흔쾌히 수락하고 정말 열심히 했죠. 일이 끝나면

ı 설은 원장이 메이크업 아티스트로서 첫발을 내디뎠을 때 만난
배우 장근석

스태프들과 이런저런 이야기를 나누고, 술 한잔 하는 재미가 컸던 것 같아요. 당시 만났던 스태프들과는 지금도 만나요(웃음)."

"20대 초반 아이의 열정을 예쁘게 봐주셨는지 제작사 스태프들이 프로덕션 광고 일을 제게 여럿 제안을 해주시는 바람에 광고 경험도 쌓았어요. 당시 20대 초반 나이에 월수입 700만 원 이상도 벌어봤죠."

TIP 2. 패션 감각이 있으면 메이크업이 춤을 춘다

그렇게 광고 일을 해 나가던 중 좀 더 공부를 하고 싶다는 마음이 생겼다. 단순히 돈을 많이 버는 게 아니라, '메이크업 아티스트'로서 이름을 알리고 싶다는 목표를 가지게 된 것이다. 설은 원장은 '일반 숍'에 들어가서 처음부터 다시 시작하기로 마음먹었다. 쉽지 않은 선택이었다.

보통 메이크업 아티스트들이 경력을 쌓는 방식은 두 가지다. 일반 숍에서 성장하는 길, 그리고 방송, 영화, 광고 현장에서 경력을 쌓는 방식. 전자는 숍의 직원으로 있으면서 '도제식'으로 일을 배운다. 혹독하지만 기초부터 차근차근 배울 수 있는 장점이 있다. 후자의 경우, 보통 작품에 따라 팀 단위로 움직이고, 완숙한 메이크업 아티스트가 활동한다. 설은 원장의 경우, 자신을 냉정하게 돌아보고 기초가 미흡하다는 진단을 내린 후, '일반 숍'에 들어가는 결정을 내렸다.

"저는 뭘 하든지 적극성이 있었던 것 같아요. 숍에 들어가야겠다고 목표를 세운 후 기다리기보다는 제가 갈 만한 여러 숍에 직접 전화를 걸어서 사람을 구하는지 물어본 후 자리를 구했어요."

그렇게 들어간 숍에서 자리를 잡았고, 이후 이철헤어커커 본점 실장으로 3년간 일했다. 그러고는 서른이 되던 해 프랑스 파리로 유학을 떠났다. 이미 메이크업 아티스트로 자리 잡은 상황이었고, 갑작스레 유학을 가기로 결정하는 게 쉽지만은 않았다.

"일반 숍 업무만 한다면 유학은 필요 없어요. 하지만 패션 화보 메이크업을 담당하면서 패션에 대한 전문 지식이 필요하다는 것을 뼈저리게 느꼈어요. 기본적인 패션 감각이 있어야 가장 잘 어울리는 메이크업을 뽑아낼 수 있는데, 현대 패션의 뿌리인 유럽의 정서나 역사, 분위기를 모르고 작업을 하니 벽을 많이 느꼈죠. 어느 정도 제 커리어를 쌓아놓은 상황에서 유학을 가는 건 쉽지 않은 결정이었지만 지금 생각해보면 가장 잘한 결정이었다는 생각이 드네요."

파리에서 1년간 체류하며 공부도 하고 여행을 다녔던 시간은 그에게 메이크업 아티스트로서 깊이를 더해준 시간이었다. "예를 들면, 같은 백인이라도 국가별로 사람들의 모습이 모두 달라요. 영국 사람들은 노란기가 도는 피부라면 이탈리아나 프랑스 사람들은 적갈색이 도는 브라운 헤어를 지니고 있어요. 이런 다양한 모습을 제 눈으로 직접 확인하면서 어떤 화보를 찍더라도 기본적으로 어울리는 컬러를 알고 있어야 작품이 나온다는 점을 깨달았어요."

TIP 3. 화장법보다 중요한 색감과 창의력

유학 후 다시 숍에서 메이크업 실장으로 일을 하면서도 홍익대 대학원 색채학과에 진학해 공부를 꾸준히 병행했다. 이 과정에서 메이크업을 보는 눈이 달라졌다고 한다. "단순히 눈썹과 아이라인을 그리거나, 얼굴을 교정하는 데서 벗어나, 이제는 색을 보고 디자인을 볼 수 있게 됐어요. 의상에 어울리는 메이크업이나 올해 S/S〔Spring/Summer〕 F/W〔Fall/Winter〕 시즌 디자이너가 제안하는 트렌드에 맞는 메이크업을 연구하게 됐죠. 요즘에는 '퍼스널 컬러〔Personal Color〕'라고, 사람이 타고난 피부, 눈동자 색에 맞는 메이크업을 추천해주는 분야도 있어요. 사람마다 모두 피부색이나 타입이 다르기 때문에 그토록 다양한 화장품이 나온다는 사실도 알게 됐고요."

설은 원장은 메이크업 아티스트에게 중요한 건 화장법보다는 기본적인 '감각과 창의력'이라고 강조한다. "화장 기술은 누구든 익힐 수 있는 것이어서 경쟁력이 없어요. 그보다는 색에 대한 감각을 익히고, 어떻게 조합할지 눈썰미를 갖는 게 정말 중요해요. 예를 들어 저는 인형처럼 예쁘게만 하는 메이크업보다 자연스러운 느낌에서 강렬한 포인트가 있는 메이크업을 좋아합니다. 피부색이 어두우면 어두운 대로, 노란 빛이면 그에 맞게 어울리는 컬러가 있어요. 모두 동일하게 하얗게 화장하는 것보다 자신에게 잘 어울리는 컬러를 매치하면 정말 고상하거든요. 메이크업은 이처럼 각각의 사람들의 개성을 살려주는 일이라고 생각해요."

TIP 4. 서비스 정신이 있는가?

오랜 시간 스타들과 함께 작업하면서 쌓아온 우정도 일 못지않은 보람이다. "메이크업 자체가 그 사람의 가장 내밀한 부분과 소통하는 거예요. 그래서인지 서로 마음을 터놓으면서 친해지는 경우도 많아요. 함께 작업했던 스타들이 저희 집으로 놀러오기도 하고요. 그냥 일하는 사람이 아니라, 동료로서 친구로서 누군가를 가깝게 만날 수 있다는 점도 이 직업의 장점이라고 생각해요."

물론 메이크업 아티스트로서 갖춰야 할 자질도 많다. 설은 원장은 기술이나 능력에 앞서 가장 필요한 것은 '서비스 정신'이라고 강조한다. "대학에서 학생들을 가르치다 보면, 실제로 10명 중 8명은 사람들과 소통하는 게 어려워서 그만둡니다. 안타까운 일이죠. '나는 메이크업을 하러 왔는데 왜 이런 일까지 해야 하나', '내가 왜 다른 사람들의 비위를 맞추며 싫은 소리를 들어야 하나' 등의 고민을 하다 끝나는 거죠. 하지만 메이크업은 기본적으로 서비스업의 속성을 지니고 있어요. 사람을 존중하는 마음, 다른 사람을 보살필 줄 아는 마음가짐이 정말 중요해요. 스타들일 경우, 항상 존중받고 최고로 대우받는 사람

▮ 설은 원장은 메이크업 아티스트에게는 고객의 마음을 읽는 '눈치'가
필요하다고 강조한다. ⓒ 설은

들이기 때문에 그들과 호흡을 맞출 때는 더욱 이런 마음 가짐이 필요하죠. 다른 사람을 잘 돌봐주면서 단점도 감싸줄 줄 아는 자세가 있으면 그렇게 어려운 일은 아닙니다. 그게 아니라면 '어떤 일이 있어도 나는 이 일이 아니면 안 된다'는 고집이 있으면 될 것 같네요."

자신만의 소통 비결에 대해 설은 원장은 '눈치가 빠른 편'이라고 전한다. "메이크업 하러 오시는 분들의 그날 기분을 읽는 일도 중요해요. 고객이 쉬고 싶은지, 얘기를 하고 싶은지 바로 알아내는 능력이 중요하죠."

TIP 5. 차별화와 브랜딩이 성패 좌우

설은 원장은 메이크업 분야에 대한 '자기 확신'이 없다면 도전하지 말라고 말한다. "해외 시장이 넓어지고 있지만 메이크업 분야는 기본적으로 시장이 작은 편이에요. 헤어에 비해 메이크업은 특별한 날이나 이벤트를 위해 하는 것이기 때문에 매출 측면에서 보면 불안한 직업이죠. 그래서 저는 '이게 아니면 안 된다'는 사람들에게 권하고 싶어요. 자신이 뭘 좋아하는지 자신이 없으면 메이크업보다는 헤어나 피부 관리 분야를 권하고 싶습니다."

하지만 자기 확신을 갖고 계속 공부하려는 마음이 있다면 그 어느 분야보다 전망이 밝다고 본다. "메이크업 아티스트는 한 사람 한 사람이 다 상품이고 사업자라고 생각해요. 때문에 자신을 어떻게 브랜딩할지 계획을 세워야 해요. 예를 들어 제가 있는 청담동만 해도 정말 많은 숍이 있어요. 남들과 비슷하게 한다면 고객 입장에선 더 싼 곳을 찾게 되겠죠. 자신만의 경쟁력을 찾는 게 중요합니다. 저 역시 브랜딩에 많은 고민을 하고 있어요. 메이크업 제품도 만들 계획이고요. 좀 더 큰 시장으로 도약할 수 있는 시대가 이미 열렸고, 그 기회를 잡기 위해서는 지속적인 공부가 필요합니다."

REVIEW

보통 미용에 관심이 많은 이들이 착각하는 게 있다. 지긋지긋한 공부를 하지 않아도 된다고 생각하는 것이다. 하지만 착각이다. 국어, 영어, 수학은 공부하지 않아도 되겠지만, 메이크업도 예술의 일종이어서 이에 대한 배움의 작업이 반드시 필요하다.

대학 진학도 배움의 연장선상에서 생각하면 된다. 대학 진학이 메이크업 아티스트가 되기 위한 필수 조건은 아니지만, 메이크업 분야가 세분화되어 있고, 전문성을 요구하고 있다는 것을 감안했으면 좋겠다. 설은 원장도 이 같은 의견에 적극 동조한다. "미래에 내가 어떤 사람이 될지는 알 수 없어요. 나중에 강단에 설지, 사업을 하게 될지, 아무도 모르잖아요. 그러니 준비가 돼 있어야 해요. 물론 소소하게 돈을 벌고 생활을 영위하는 것에 행복감을 느낀다면 그것도 괜찮아요. 하지만 좀 더 큰 미래를 준비한다면 대학에 가는 것이 좋아요."

물론 메이크업 분야에서 학력이 높지 않아도 소위 '잘나가는' 이들도 있다. 하지만 그들에게는 평범한 이들과 다른 결정적인 무기가 있다고 한다. "물론 학력이 높지 않은 메이크업 아티스트들도 있어요. 그런데 그런 사람들은 남들보다 특출한 재능을 지니고 있어요. 자신이 어떤 경우인지는 스스로 잘 알고 있을 것이라고 생각해요. 그런 특출한 사람이 아니라면 정규 교육을 받는 게 좋겠죠."

　그렇다면 학원에서 미리 메이크업을 배워두는 것은 도움이 될까? 결론부터 말하면, 그건 '도움이 되지 않는다'. 학원을 다니더라도 이후 숍에 입사하면 해당 숍 스타일로 다시 가르치기 때문이다. 다만 자신이 이 일을 좋아하는지, 조금이라도 재능이 있는지 확인하고 싶으면 다녀라. 그렇지 않으면 차라리 책을 읽고 경험을 쌓는 것이 좋다. 미술관에 다니면서 아름다움에 대한 자신만의 생각과 감각을 기르는 게 낫다.

 **RATINGS**

급여 수준	

메이크업 아티스트는 본인의 노력 여하에 따라 급여 수준이 천차만별이다.

취업 난이도	

취업하기가 어렵지는 않지만 관건은 들어가서 성실하게 자신의 경력을 쌓아갈 수 있느냐다.

향후 전망	

시장을 국내로만 볼 것이 아니다. 'K뷰티'라고 불리는 한국의 메이크업에 대한 해외 수요는 나날이 늘고 있다.

업무 강도	

방송 메이크업의 경우 새벽 출근이 잦다.

업무 만족도	

자신의 경력을 키워갈 수 있다는 점에서 전문가를 꿈꾸는 사람이라면 추천할 만하다.

연예 직업의 발견

작가 및 연출자
에이전시

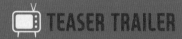 **TEASER TRAILER**

업무 개요	작가와 연출자 매니지먼트
급여 수준	연봉 3,000만 원대 • 경력 3년 차 기준
채용 방식	수시 채용
요구 어학 능력	영어
유용한 제2외국어	중국어
우대 경력	엔터테인먼트 업계 재직 경험

📺 PILOT PROGRAMME

엔터테인먼트 업계의 주축을 떠받치는 두 요소는 바로 '스타'와 '콘텐츠'다. 이중에 스타를 관리하고 브랜딩하는 매니지먼트 분야는 대중에게도 잘 알려져 있지만, 콘텐츠 생산을 담당하는 작가와 연출자를 매니지먼트하는 직업은 아직 국내에서는 생소하다. 하지만 엔터테인먼트 산업 100여 년의 역사를 자랑하는 미국의 경우, '작가 에이전시'가 스타 매니지먼트 못지않게 큰 영향력을 행사하고 있다. 미국의 영화 시나리오 작가와 TV 드라마 작가들은 대부분 5명 이상이 협업해 프로젝트를 진행하는 경우가 많기 때문에 이들 작가 에이전시들도 활발히 움직이고 있다.

국내에서도 엔터테인먼트를 소비하는 대중의 입맛이 다양해지고 눈높이가 높아지면서 작가, 감독 등의 '제작진'을 매니지먼트하는 회사가 속속 생겨나고 있다. 콘텐츠를 다루는 플랫폼이 기존의 TV나 스크린에서 IPTV,

웹, 모바일 등으로 확대되면서 자연스레 작가나 연출자들에 대한 세분화된 서비스가 중요해진 탓이다. 이 업계 선두 주자로는 '리퍼블릭 에이전시', '뿌리 깊은 나무들'이 있다.

작가 및 연출자 에이전시는 작품 및 제작사의 선정, 계약 전반의 진행, 그 외 각종 경력 관리를 통해 작가와 연출자 들의 가치를 높이는 데 주력한다. 최근에는 작품의 저작권 분쟁 등의 문제가 엔터테인먼트 산업의 주요 이슈가 되면서 이에 대응하는 일도 큰 업무 중 하나다. 경우에 따라서는 드라마와 영화의 아이템 개발부터 함께하기도 한다. 알다시피 예전에는 기획 업무가 작가나 연출자 고유의 영역이었다.

물론 아직은 초창기여서 작가 및 연출자 에이전시 시스템이 완비되지는 못했다. 배우와 가수를 양성하고 관리하는 대형 엔터테인먼트사와 비교하면 더욱 그렇다. 하지만 국내 연예 산업의 성장세를 본다면, 향후 가능성은 무궁무진하다. 엔터테인먼트 산업에 몸담고 싶다면 한 번쯤 고려해 볼 만한 직종이다.

STAR

최원우 리퍼블릭 에이전시 대표

최원우 대표는 10여 년간 방송사 캐스팅 디렉터(드라마, 예능 등 방송사 프로그램의 캐스팅을 담당하는 업무)로 일하다가 지난 2012년 리퍼블릭 에이전시를 설립했다. 작품이 만들어질 때마다 작가와 연출자와 관련된 모든 업무를 지원하고 이들의 브랜딩을 담당한다.

작품의 기획도 함께한다. 리퍼블릭 에이전시에는 노희경 작가(KBS 2TV '꽃보다 아름다워', SBS '괜찮아 사랑이야', tvN '디어 마이 프렌즈'), 장현주 작가(MBC '밤을 걷는 선비'), 정지우 작가(SBS '못난이 주의보'), 김규태 감독(KBS 2TV '아이리스', SBS '그 겨울, 바람이 분다' '괜찮아 사랑이야' '달의 연인-보보경심:려'), 홍종찬 감독(tvN '디어 마이 프렌즈'), 윤상호 감독(SBS '사임당'), 강일수 감독(영화 '전우치') 등 총 13명의 작가와 연출자가 소속돼 있다.

최원우 대표가 작가와 연출자를 위한 에이전시를 설립한 배경은 이렇다. "무엇보다 창작자들이 좋은 환경에서 마음껏 꿈을 펼칠 수 있는 틀을 만들어주고 싶다는 생각이 컸어요. 제작사나 거대 자본에 휘둘리지 않고 창작자들이 오로지 좋은 작품을 내는 데 전념하도록 시스템을 구축할 수 있다면 지금의 한국 콘텐츠 산업은 눈에 띄는 도약을 할 수 있겠다는 확신이 들었죠."

이같은 그의 생각은 김규태 감독을 만나면서 구체화됐다. 김규태 감독과 노희경 작가 두 사람을 주축으로 시작한 리퍼블릭 에이전시는 홍종찬 감독, 윤상호 감독, 강일수 감독, 정지우 작가, 장현주 작가, 조윤영 작가 등이 합류하면서 급속도로 몸집이 커졌고, 현재는 방송계에서 제법 이름 있는 작가들과 감독들이 모인 에이전시로 성장했다.

TIP 1. 연예 산업 10년 차가 되니 판을 읽더라

앞서 언급했듯이 작가들의 협업 체계가 시스템화 되어 있는 할리우드와 달리 한국 방송가에서는 '작가와 연출자 에이전시'라는 개념 자체가 아직은 생소하다. 이에 대해 최 대표는 "쉽게 말해 '창작자들이 창작에만 전념할 수 있도록 부가적인 모든 것'을 뒷받침해 주는 회사"라고 설명한다. 작품 기획, 제작사의 선정, 계약 전반의 진행, 그 외

▌최원우 리퍼블릭 에이전시 대표 © 연합뉴스

각종 경력 관리 등을 통해 스타 매니지먼트처럼 소속 아티스트의 가치를 높이는 일에 주력한다.

최 대표는 "주위에 설명을 해주면 처음엔 고개를 끄덕이지만, 결국 뭐하는 회사인지 이해를 못하는 눈치예요 (웃음). 그런데 지금 한국은 콘텐츠 산업이 다음 단계로 넘어 가야 할 때라고 생각해요. 외국에는 에이전트 업무가 보편적이고 전문적이잖아요. 한국도 콘텐츠 플랫폼이 인터넷, 모바일 등으로 점차 다양해지면서 더 세분화된 서비스가 필요하기도 하고요. 저에겐 10여 년간 쌓아온 인프라가 있고, 다행히 기존 멤버인 김규태 감독, 노희경 작가님께서 회사 설립 취지에 크게 공감해주셔서 수월하게 시작할 수 있었어요."

그렇게 리퍼블릭 에이전시 그리고 소속 작가와 연출자들의 작업으로 탄생한 작품이 SBS '그 겨울, 바람이 분다' '괜찮아, 사랑이야' '달의 연인-보보경심:려', tvN '디어 마이 프렌즈' 등의 작품이다.

리퍼블릭 에이전시가 단기간에 성공적인 작품을 내며 시장에서 자리 잡을 수 있었던 이유는 변화의 폭도 크고 점점 도전적으로 변해가는 드라마 제작 형태의 변화에서

▌최원우 대표의 아이디어가 현실화될 수 있도록 버팀목이 되어 준
김규태 감독(가운데) © CJ엔터테인먼트

기인한다. "사실 전체 콘텐츠 산업이 성장하고 있다지만 드라마 제작 환경은 어려워지고 있어요. 참신한 기획에 과감한 투자가 뒤따라야 하는데 방송사나 제작사 모두 새로운 것에 소극적이에요. 기획자와 방송사의 이 같은 온도 차이를 리퍼블릭 에이전시 같은 회사가 새로운 모델을 제시함으로써 깨 나갈 수 있다고 생각해요."

이러한 비전 덕분인지 SBS 드라마 '달의 연인-보보경심:려'는 한국 드라마 최초로 미국 유니버설의 직접 투자를 받은 드라마로 기록됐다. 최 대표는 "우리가 지향하는 것은 소속 아티스트의 드라마에 기획 단계부터 적극적으로 참여해 기존의 에이전시 영역을 넘어 함께 만드는 파트너십 관계를 구축하는 것"이라고 설명했다.

뿐만 아니라 신인 육성에도 항상 촉각을 세우고 있다. 신인 작가나 연출가들이 실력을 겸비하고 있음에도 방송사 문턱을 넘기 어려운 경우에 필요한 지원을 한다. "신인이나 비방송사 출신 연출자들은 능력이 있어도 데뷔하기 쉽지 않은 경우가 왕왕 있어요. 이런 자원들을 내부 아티스트들의 멘토링을 통해 기획, 개발해 브랜딩하는 일도 리퍼블릭 에이전시를 통해 꼭 구현해보고 싶은 일이죠."

TIP 2. 콘텐츠 '제작자' 입장에서 생각하라

최 대표는 "작가, 연출자 에이전시는 최근에도 각광받고 있지만 앞으로 더더욱 콘텐츠업계에서 중요한 역할을 맡을 것으로 확신해요"라고 말한다.

그렇다면 업계에서 원하는 인재상은 무엇일까. 그는 "일단 드라마, 영화, 게임 등 다양한 문화 콘텐츠에 대한 관심이 중요해요"라고 밝혔다. "단순히 직업의 차원으로 접근하기보다는 문화 콘텐츠를 통해 자신의 꿈을 펼친다는 생각을 가진 인재가 필요합니다. 어릴 때부터 문화 콘텐츠를 다양한 관점에서 접하고, 자신의 생각을 적절하게 피력할 수 있으며, 그저 '보는' 데서 벗어나 '내가 직접 이런 콘텐츠를 기획하고 실행시킨다면 무엇이 필요할까'를 고민할 수 있는 머리가 중요합니다."

이를 위해서는 그는 엔터테인먼트 업계 내에서 다양한 경력을 쌓기를 권장하는 편이다. "작품을 기획하고, 배우를 캐스팅하고, 만들어진 작품이 시청자에게 보여지기까지 짧게는 1년, 길게는 그 이상이 걸려요. 작품 기획부터 방송까지 전반적인 시스템을 알아야 에이전시 역할도 제대로 할 수 있죠."

그렇다면 그가 그리는 미래 비전은 어떨까? 궁극적인 꿈을 묻자 매출 목표액이나 기획을 희망하는 작품 숫자가 아닌 의외의 답이 돌아온다. "아티스트들을 위한 집을 만들고 싶어요. 다른 고민 없이 그저 창작 활동에만 전념할 수 있는 편안한 환경이 저의 소박하지만 원대한 꿈입니다."

 **REVIEW**

작가 및 연출자 에이전시는 할리우드에서는 보편화된 시스템이지만, 국내에서는 2012년 설립된 리퍼블릭 에이전시와 MBC '대장금'의 김영현 작가를 주축으로 한 작가 에이전시 '뿌리 깊은 나무들'이 대표적일 정도로 태동 단계에 불과하다. 그러나 앞서 말했듯이 콘텐츠 시장의 핵심이 점차 작가와 연출자에게로 옮겨가고 있는 추이로 볼 때, 향후 콘텐츠 시장에서 이들의 영향력이 점차 커질 것으로 예상된다.

작가 및 연출자 에이전시에서 일하고 싶다면, 일단 작품을 보는 눈과 기획력, 트렌드를 파악하는 능력을 갖추는 게 가장 중요하다. 또, 계약 또는 작품을 둘러싼 다양한 법적 해석에 대해서도 해박해야 하므로 법률 지식을 겸비한다면 금상첨화다.

그런데 필자가 보기에는 더 중요한 게 있다. 기존 엔터테인먼트 업계에서 기획, 관리, 자문의 경험을 먼저 쌓으라고 조언해주고 싶다. 사실 현재 작가 및 연출자 에이전시는 한 사람에게 매우 다양한 능력을 요구하고 있다. 가수나 배우를 양성하고 관리하는 대형 기획사를 떠올리면 안 된다. 회사가 팀 단위로 나뉠 정도로 규모가 있는 게 아니다. 서너 명이 모든 지원 업무를 담당해야 하는 상황이다. 일반 회사로 환원해서 보자면, 스타트업 기업에 가깝다. 당장 성과를 내야 하는 기업 입장에서는 어쩔 수 없이 신입 사원보다는 경력 사원을 선호할 수밖에 없다.

'전도유망한 스타트업 기업'에 인생을 걸고 싶다면, 적극 추천한다.

 **RATINGS**

급여 수준

신입보다는 경력자를 우대한다. 경력에 따라 급여 수준은 천차만별.

취업 난이도

크리에이티브한 직업에 대한 이해도가 있어야 한다.

향후 전망

한국에서는 새로운 형태의 에이전시이지만, 이미 할리우드 등 외국에서는 보편화한 형태다. 발전 가능성이 크다.

업무 강도

9시에 출근해 6시에 퇴근하는 정형화된 근무를 기대한다면 실망이 클 수 있다.

업무 만족도

자신의 노력 여하에 따라 많은 부분이 달라진다.

BOX: 캐스팅 디렉터는 어떤 직업인가요?

캐스팅 디렉터는 영화와 드라마에서 작품의 역할에 맞는 배우들을 추천하고 선정해 출연 계약을 맺는 캐스팅 책임자다. 쉽게 말해, 배역에 가장 적절한 배우를 캐스팅하는 일을 한다. 국내에서는 주연급 연기자들은 보통 감독들이 캐스팅하고, 조연과 단역, 보조 연기자는 캐스팅 디렉터가 선발하는 경우가 많다.

캐스팅 디렉터들은 대부분 프리랜서지만, 현재 MBC와 SBS는 자체 캐스팅 팀을 만들어 캐스팅을 담당하고 있다. 보통 캐스팅 디렉터들은 작품당 계약을 맺고 일한다. 영화의 경우 제작 기간이 길어서 한 작품의 배역들을 캐스팅하는 데, 짧게는 수개월에서 길게는 1년이 소요되기도 한다.

캐스팅 디렉터가 되려면?

현재 캐스팅 디렉터들은 프로듀서나 매니저 출신 등 엔터테인먼트 업계에서 경력을 쌓은 후 입문하는 경우가 많다. 업무 특성상 배우나 매니지먼트 업계, 방송 및 영화 업계 등 엔터테인먼트 업계가 돌아가는 현황을 잘 파악해야 하고, 때맞춰 활용할 수 있는 인적 네트워크가 있어야 한다. 이 같은 네트워크는 하루아침에 쌓이는 것이 아니기 때문에 엔터테인먼트 업계 경력이 있는 것이 유리하다. 영화사나 연예 기획사에서 일하거나 프리랜서 캐스팅 디렉터 팀에서 일하면서 경력을 쌓은 후 독립해서 일할 수 있다.

캐스팅 디렉터는 대중문화 콘텐츠에 대한 이해도가 높고 연기에 대한 기본 지식이 있으면 용이하다. 드라마, 영화 등의 촬영과 제작이 어떤 방식으로 이뤄지는지를 정확히 알고 있어야 캐스팅에도 유리하다. 적재적소에 필요한 배우를 캐스팅하려면 늘 업계가 돌아가는 상황에 민감하게 촉을 세우고 있어야 한다.●

연예 직업의 발견

매니저

 TEASER TRAILER

| 업무 개요 | 연예인 발굴, 트레이닝, 관리 |

| 급여 수준 | 연봉 2,500만 원대
• 신입 매니저 초봉 기준 |

| 채용 방식 | 수시 채용 |

| 자격증 | 운전면허 필수 |

| 유용한 외국어 | 영어, 중국어, 일본어 |

📺 PILOT PROGRAMME

엔터테인먼트 매니지먼트는 연예인을 발굴하고, 트레이닝을 하며, 활동 계획을 수립한 다음, 데뷔 후에는 그들을 관리하고 경영의 차원으로 이끄는 일련의 과정을 의미한다. 2000년 이전의 매니지먼트가 캐스팅과 데뷔에 집중했다면, 이후에는 뛰어난 기획력과 위기관리 능력, 소통 능력을 바탕으로 지속성에 큰 비중을 두고 있다.

　매니지먼트는 크게 음악과 연기 분야로 나눌 수 있다. 음악 분야는 매니저가 기획을 해서 그에 맞는 가수를 캐스팅하고 트레이닝을 하는 '기획된 아티스트'를 데뷔시킨다면, 연기의 경우 해당 연기자에게 맞는 작품을 찾아 간다. 다른 말로 표현하면, 음악 분야는 회사의 기획 방향이나 트레이닝 스타일이 연예인이 활동하는 데 결정적인 역할을 하지만, 연기의 경우에는 그 반대라고 보면 된다. 기획보다는 연기자 자체에 집중해 매니지먼트 업무를 수행한다.

최근 매니지먼트사의 꽃이라 할 수 있는 매니저에 대한 관심은 뜨거운 편이다. 2005년 정도부터 전문대학은 물론이고 4년제 대학에도 매니지먼트 관련 학과가 생겨나고 있다.

여섯 가지 유형이나 되는 매니저의 세계

국내 연예 매니지먼트사는 조직 유형이나 세부 분야에 따라 여섯 가지 정도로 분류할 수 있다. 〔심희철 교수 외 12인이 공저한《방송연예산업경영론》을 참조했다.〕

첫 번째는 '비서형 매니저'다. 우리가 흔히 알고 있는 매니저의 개념이다. 이런 형태의 매니저는 1960년대부터 시작됐다. 주로 이순재, 김혜자, 최불암 등과 같은 중장년층 연예인이 비서형 매니저와 일하는 경우가 많다. 이들은 연예인의 일정과 행정 업무 외에는 별다른 개입을 하지 않는, 말 그대로 비서와 같은 역할을 수행한다.

두 번째는 '1인 기획사형'이다. 연예인 한 명을 중심으로 움직이는 시스템이다. 김태희, 장근석 등이 연예인 1인 매니지먼트사를 운영 중이다. 주로 한류 스타나 다년간의 활동으로 인지도가 높은 연예인들이 1인 매니지먼트사를

설립해 운영한다. 1인 매니지먼트 시스템은 한 사람에게
만 집중한다는 장점이 있다. 그러나 때로는 전문성이 떨
어지고, 위기관리가 체계적이지 못하다는 단점이 있다.

세 번째는 '매니지먼트 기반형'이다. 가장 흔한 유형이
고, 주로 연기자들이 많이 속해 있다. 제작이나 다른 사업
을 겸하지 않고 매니지먼트 업무에만 집중하는 회사를 말
한다. 나무엑터스, 킹콩엔터테인먼트, 판타지오, BH엔터
테인먼트 등과 같이 매니지먼트 사업을 중심으로 운영되
는 회사다. 매니지먼트 기반형 회사의 매니저들은 처음부
터 스타를 발굴하고 키우는 데 큰 힘을 쏟는다. 물론 기존
의 스타급 연예인들과 계약을 맺기도 한다.

네 번째는 '제작사 기반형'이다. 드라마 제작사나 영화
제작사를 중심으로 하는 회사가 이 유형에 속한다. 드라
마 제작사로 유명한 팬엔터테인먼트, HB엔터테인먼트,
지담 등이 이에 해당한다. 제작사 기반형은 콘텐츠 제작
과 연예인 기획 업무를 좀 더 용이하게 할 수 있는 장점이
있다. 예를 들어, 김래원이 소속된 HB엔터테인먼트의 경
우 제작을 겸하고 있어 자사 제작 드라마인 SBS '펀치'에
김래원을 주인공으로 기용해 시너지 효과를 내기도 했다.

다섯 번째는 '대형 음반기획사 기반형'이다. YG엔터테인먼트, SM엔터텐인먼트, JYP엔터테인먼트, FNC엔터테인먼트 등이 대표적이다. 이들 회사는 수장이 모두 현역 가수이거나 프로듀서 출신으로 음악을 직접 생산하거나 유통하는 데 능하다. 대표의 성향에 따라 아티스트를 키워 내는 방식도 다른데, SM이 체계화된 연습생 시스템을 가지고 있어 모두 평균 이상의 실력을 갖추도록 한다면, JYP는 아티스트의 개성을 좀 더 살려준다. YG는 자유롭고 개방적인 스타일의 음악을 추구한다는 차이점이 있다.

마지막으로 '일반 기업을 모회사로 둔 경우'다. 연예계와 관련이 없던 기업이 엔터테인먼트 산업에 진출하면서 기존 매니지먼트사를 인수하거나 자체적으로 매니지먼트 시스템을 꾸린다. 폴라리스엔터테인먼트가 대표적이다. 폴라리스엔터테인먼트는 방위 산업체인 ㈜일광공영의 자회사다. 2017년 현재, 선우재덕, 오윤아, 김완선, 김범수 등이 속해 있다.

국내 매니지먼트사는 소속 연예인과 수익을 나눠 가진다. 통상적으로 스타급 연예인은 10퍼센트, 중급은 30퍼센트, 신인급은 50퍼센트의 수익을 회사와 공유한다. 참고로 에이전시 시스템이 발달한 미국의 경우에는 작품이나 광고별로 수익을 나누고, 일본은 매니지먼트사에 소속된 연예인들에게 월급을 지급하는 경우가 많다.

어떻게 경력을 쌓느냐가 관건

매니지먼트 업계에 입문하는 것은 까다롭지 않지만, 관건은 '어떻게 경력을 쌓느냐'다. 최근에는 연예매니지먼트 학과 졸업생들이 많이 활약하고 있지만, 채용 과정에서 학력이나 기타 자격 요건을 엄격하게 두지는 않는다. 단, 운전면허는 필수다. 채용 방식은 정기 채용보다는 수시 채용, 신입보다는 경력직 채용을 선호하는 편이다.

매니지먼트 업계에 몸담기로 결심했다면 신입부터 경험해보기를 권한다. 매니지먼트 업무의 위상이 높아지면서 최근에는 외국어 가능자나 엔터테인먼트 관련 학과 출신자 또는 해당 분야에서 기획 경험, 행사 참여 등이 있는 지원자를 우대하는 편이다.

매니저가 되면 초반에는 현장을 담당하는 로드 매니저에서 시작하고, 이후 실장, 팀장, 본부장이 되는 과정을 약 10년에 걸쳐 밟는다. 하지만 들쭉날쭉한 일정과 체력의 한계를 견디지 못해 몇 달 만에 일을 그만두는 경우도 허다하다. 이 때문에 매니지먼트 업계 관계자들은 "초반에 힘든 스케줄을 감당할 수 있는 체력과 강단이 있는 사람이 지원하는 게 좋다"고 입을 모은다.

매니지먼트 업무는 '주어진 일'을 하는 직업이 아니라 자신이 주도적으로 일을 만들어가야 한다. 보수 또한 직급에 따라 받기보다는 '자신이 하는 만큼' 손에 쥘 수 있는 직업이기도 하다. 이 때문에 적극성이 어떤 직종보다 중요하다. 어딘가에 안착해서 차분히 일하고 싶은 사람, 정시 출근과 퇴근이 삶의 큰 가치인 사람, 정해진 일을 하는 것을 좋아하는 사람은 매니지먼트 업계에 어울리지 않는다.

STAR

손석우 BH엔터테인먼트 대표

손석우 BH엔터테인먼트 대표는 국내 엔터테인먼트 업계가 본격적으로 규모의 경제를 이루던 시기인 1999년에 업계에 발을 디뎠다. 대기업이 제작과 유통을 겸비해 업계에 진출하고, 기업형 매니지먼트가 처음으로 등장한 시기에 매니저로서 첫발을 뗀 것이다. 이후, 지금은 사라진 백기획, A스타즈, 싸이클론 등의 회사를 거쳐 2006년 BH엔터테인먼트를 세웠고, 부침이 심한 엔터테인먼트 업계에서 10년 넘게 탄탄하게 회사를 운영 중이다. 현재 그의 회사에는 세계적인 배우로 자리매김한 이병헌을 비롯해, 고수, 진구, 한지민, 한효주, 한가인, 추자현 등이 몸담고 있다.

손 대표가 엔터테인먼트 업계에 몸담은 것은 우연이었다. 20대 때 국내 대형 은행에서 일하던 그는 1998년 IMF 구제금융 사태로 인해 자의 반 타의 반으로 회사를 나오게 됐다. 이후 그는 진로를 고민하다 평소에 관심이 있었던 음반업계의 문을 두드렸다.

"우연찮게 회사를 나오게 되면서 '내가 경제적인 이유가 아니라면 뭘 하고 싶어 했더라?'를 생각해보니 '음악'이더라고요. 어릴 때부터 음악에 관심이 많았고, 관련 직업을 가지면 행복하겠다는 생각을 했어요. 그때 당시 음반 회사들이 꽤 성업 중이었는데 음반 사업을 새로 시작하는 연기자 회사인 백기획이 제가 새로 시작하기에 알맞겠다는 생각을 했죠."

당시 백기획은 연기자 매니지먼트 업계 1, 2위를 다투던 회사였다. 막상 회사에 들어간 손 대표는 음반과 연기자 분야가 매우 다르다는 것을 실감하고는 자신의 적성에 더 맞는 연기자 매니지먼트를 먼저 하게 됐다.

"당시 고등학생이었던 김효진, 송종호, 재희 등의 배우를 담당하면서 일을 시작했어요. 스타를 내 손으로 만들어낸다는 게 무에서 유를 창조하듯 흥미로운 일이라는 걸 알게 되면서 재밌게 일을 했는데 회사가 너무 방대해지다 보니 여러 문제가 생겨났죠."

규모가 점점 커진 백기획은 A스타즈로 이름을 바꾸고

▎손석우 BH엔터테인먼트 대표 © BH엔터테인먼트

매니지먼트를 비롯해 제작과 미디어를 아우르는 본격적인 기업형 엔터테인먼트 회사로 출사표를 던졌다. 소속 연예인 60여 명, 직원만 200여 명에 이르던 이 회사는 갑작스러운 사업 확장으로 인해 곳곳에서 잡음이 터져 나왔다. 'PD 비리 사건(연예 기획사가 소속 연예인에 대한 우호적인 기사를 부탁하며 신문 기자와 방송사 PD에게 홍보비 명목으로 금품을 건넨 사건)'이 불거지면서 하락세를 겪게 된다.

"당시 연예 매니지먼트 업계는 덩치는 갑자기 커졌는데, 그에 걸맞은 시스템이 없었어요. 회사 내에서 소통도 잘 안 되고 방송사, 신문사와의 유대 관계로 인한 촌지 제공이나 로비 같은 문제가 불거지기도 했죠. 이 때문에 회의를 느끼고 그만두는 인재들도 적지 않았고요. 저 또한 그런 문제들로 인해 회사를 그만두고, 강제규 감독이 설립한 '강제규 필름'이 투자한 싸이클론이라는 회사로 옮기게 됐죠."

이 회사에서 손 대표는 배우 이병헌과 만나게 된다. 매니지먼트 팀장으로 재직할 당시 이병헌의 대표작 중 하나인 SBS 드라마 '올인'이 공전의 히트를 기록하고, 또 다른 소속 배우인 이정재, 신하균, 김상경 등도 스타급 배우로

배우 이병헌과의 조우로 손석우 대표의 인생이 바뀌었다.

자리매김하면서 회사는 승승장구했다. 그러나 이 회사 역시 몸집이 커지자 문제가 생겨나기 시작했다. 합병 논의가 나오자 경영권 분쟁이 생겨났고, A스타즈 때와 비슷한 불협화음이 또다시 터졌다.

"그때 상장을 주장하는 회사 측 의견을 반대하다 그만두게 됐어요. 제가 보기에는 준비가 부족했거든요. 그러다가 한마디로 잘린 거죠(웃음). 그런데 그게 오히려 전화위복이 됐어요. 제가 담당하던 배우 이병헌 씨가 계약 만료를 앞두고 있었는데 함께 회사를 설립하자고 제안하면서 고심 끝에 회사를 만들게 됐어요."

그때 그의 나이 서른 셋. '대표'라는 직함을 달기엔 이른 나이였지만 그만큼 의욕에 넘쳤다. "'매니저는 전문직인가?'라고 묻는다면 저는 서슴없이 '그렇다'고 대답해요. 그래서 누군가가 '당신은 전문가입니까?'라고 물어봤을 때, 한 점 부끄러움이 없어야겠다고 생각했어요. 작지만 내실 있는 회사를 만들자, 비리 없이 신뢰할 수 있고 이 일을 전문화된 시스템 속에서 할 수 있는 회사를 만들자는 게 당시 제 생각이었어요. 그렇게 10년이 흘렀네요(웃음)."

TIP 1. 매니저는 올라운드 플레이어

매니저의 업무 범위는 어디서부터 어디까지일까? 손 대표는 "팔방미인이 돼야 한다"고 말한다.

보통 20대 중반에 매니저를 시작하면, 4~5년간은 흔히 '로드 매니저'라고 불리는 현장 업무에 투입된다. 담당 연예인의 일정 관리부터 촬영장에서의 크고 작은 커뮤니케이션, 매체 대응 등이 주된 업무다.

매니저 업무 전반을 익히면 5년 차 이상부터는 실장급으로 일한다. 이때는 연예인의 광고 등 계약 건에 관여하면서 다양한 사업적 판단을 하는 업무를 맡고, 영업도 한다.

이후 10년 차가 가까워오면 팀장 또는 본부장급으로 일을 하면서 실질적인 선략을 짜는 역할을 맡는다. 이때쯤에는 시장의 흐름을 파악하는 나름의 통찰력을 지녀야 한다. 영화나 드라마 등 콘텐츠 산업이 어떻게 움직이는지, 이에 따른 해외 시장 반응은 어떤지 알아야 한다. 마케팅 트렌드도 파악하고 있어야 한다. 콘텐츠를 창의적으로 기획할 수 있는 능력이나 대본 독해 능력, 작품으로 배우와 소통하는 능력도 있어야 한다. 또한 기업과 협업을 해야하니 서류 작업이나 발표 능력도 키워야 함은 물론이다.

손 대표는 "현장에서 시작해 다양한 업무 스킬을 익혀야 하기 때문에 매니저 업무는 굉장히 복합적인 일"이라고 강조한다. "'난 사람만 만나면 돼' 또는 '나는 기획만 잘하면 돼'라는 생각을 가지고 매니저로서 성장하기를 바란다면 틀린 생각"이라는 것이다. 실제로 그는 지금도 휴대전화 배터리가 하루에 두 번씩 방전될 정도로 바쁜 일정을 소화한다. 이 와중에 일주일에 시나리오를 몇 권씩 읽는다. 빠르게 변하는 콘텐츠 업계에서 '감'을 놓치지 않기 위해서다.

TIP 2. '상식적인' 윤리관과 대중문화에 대한 이해를 갖춰라

손 대표는 매니저의 자격으로 '윤리관'을 최우선으로 꼽는다. "엔터테인먼트 업계의 가장 큰 자산은 '사람'이에요. 우리는 이미 열린 정보 속에서 윤리적이고 도덕적인 부분이 점점 더 중요해지는 사회에 살고 있습니다. 특히 이 일은 미디어와 밀접한 관계가 있다 보니 윤리적인 덕목이 매우 중요하죠"라고 말한다.

두 번째는 대중문화에 대한 폭넓은 이해다. "대중문화에 대해 평균보다는 높은 관심과 이해를 가지고 있는 게

중요해요. 창조성이 생명과 같은 이 업계에서는 문화에 대한 폭넓은 시각을 가지고 있어야 하죠"라고 말한다.

세 번째는 '성실함과 인내심'을 꼽았다. "참을성 없는 사람이나 관리 능력이 없는 사람은 이 일에 적합하지 않아요. 늘 사람들과 마주해야 하는 일이기 때문에 성실하고 성품이 좋아야 오래갈 수 있습니다"라고 말한다. 손 대표는 "회사 설립 후 사실 하루도 편하게 보낸 날이 없어요"라면서 웃었지만, 반대로 "매일매일 다른 삶을 사는 역동성이 여기까지 저를 이끌어준 동력"이라고 말한다. "어딜 가나 연예인 또는 문화 콘텐츠는 대중 사이에서 이슈죠. 다시 말해 이 업계에서 일하려면 늘 역동적이고 깨어 있어야 한다는 얘기입니다."

매니저로서 가장 '짜릿했던 순간'을 물어보니 역시나 같이 일한 배우들과 함께한 순간을 꼽는다. "매니저 초창기 때 고등학생 신인이었던 김효진 씨가 광고 모델로 승승장구했어요. 어느 날 한남대교를 건너오는데 가장 큰 전광판에 김효진 씨 사진이 걸려 있더라고요. 완전히 신인이었던 친구가 이제 '스타가 됐구나'란 생각에 감개무량했죠. 최근에는 14년간 함께한 진구가 드라마 '태양의 후예'로 다시금 조명을 받는 순간이 그랬어요. 그동안 '연기 잘하는 배우'라는 평가는 들었지만 스타 배우로 좀 더 자리매김했으면 하는 생각이었는데, '태양의 후예'로 전성기를 맞게 되니 오랫동안 노력한 시간을 이제야 보답받는 느낌이었다고 할까요? 또 배우 한효주가 어느 순간 굵직한 배우로 성장한 걸 느낄 때도 짜릿했죠."

아카데미 시상식, 칸 영화제 등을 배우들과 함께 다니며 역사를 쓴 순간도 기억에 남는 장면들이다. "다른 사람의 꿈을 함께 꾸고 실현할 수 있도록 최선을 다해주는 일이다보니 누군가가 생각한 대로 꿈을 이뤄가고 행복해 하는 모습을 볼 때 정말 행복해요. 그런 데서 느끼는 행복은 다른 일에서는 느낄 수 없는 희열인 것 같아요."

TIP 3. 솔직함과 균형감은 필수

반대로 가장 힘든 순간도 '신뢰가 깨지는 순간'이라고 한다. "결국 '사람'을 움직이는 일이기에 가장 상처받는 순간도 신뢰가 깨지는 순간일 수밖에 없죠."

18년간 매니저로 일하면서 겪은 경험을 통해 그가 터득한 성공 비결은 다름 아닌 '솔직함'과 '균형감'이다. 특히

손석우 대표와 함께 굵직한 배우로 성장한 한효주 © Shutterstock

담당 연예인이 위기에 봉착했을 때가 가장 중요하다. 언론을 비롯해 관계자들을 대할 때 항상 솔직하게 소통하고, 객관적인 시각에서 사안을 바라볼 수 있는 균형감이 중요하다는 얘기다. "요즘 같은 네트워크 시대에는 서로가 너무나 촘촘히 연결돼 있어서 연예인들은 마치 유리관 안에 사는 것 같다는 생각도 들어요. 문제가 생겼을 때는 무엇보다 솔직한 게 중요하죠."

그러나 한편으로는 사회적으로 변해야 할 부분도 명확히 지적한다. "자신의 스트레스를 근거 없는 댓글이나 소문의 재생산으로 풀려는 경향이 보일 때는 많이 안타까워요. 한 사람의 인생을 좌우할 수 있는 이야기들 때문에 '이미지'가 생명인 연예인들은 많은 타격을 받거든요."

그래도 그는 "다시 태어나도 매니저를 하고 싶다"고 말한다. 대중문화라는 가장 재미있는 영역에서 신인이 스타로 성장하는 과정을 함께하는 기쁨과 보람은 다른 어떤 직업에서도 맛볼 수 없는 지점이기 때문이다.

 **REVIEW**

매니저들의 삶은 결코 녹록하지 않다. 매니저 초창기에는 고달픈 생활에 적응하기 어렵고, 책임자가 되고 나면 매일 시장 분석, 전략 기획 등의 업무를 처리하느라 눈코 뜰 새 없이 바쁘다. 매니저 생활 초반에 체력적으로 힘든 과정을 견디지 못해 몇 달 만에 그만두는 경우가 허다하다. 매니저 업무 초반에 필연적으로 마주할 수밖에 없는 운전과 연예인의 스케줄 관리 등 허드렛일을 모두 처리해야 한다는 것에 자괴감을 느껴 자리를 박차고 나가는 경우도 있다. 어느 5년 차 매니저는 "최근에는 막내 매니저 뽑기가 점점 어려워지고 있다. 강도 높은 업무를 이기지 못하고 금방 그만둔다. 심지어 촬영 중인 배우와 차량을 둔 채 매니저가 도망간 사례도 있다"라며 한숨을 내쉬었다.

그러나 모든 일이 그렇듯 초반의 어려움을 잘 이겨내면 상상 못할 결과가 찾아온다. 스타와 함께 성장하는 공식을 제대로 밟아간다면, 몇 년 사이에 놀랄만한 성과를 거둘 수도 있다. 엔터테인먼트 업계에서는 내실 있는 경영으로 회사 가치를 꾸준히 높여 해외 투자를 유치한 사례도 있고, 대기업과의 합병을 통해 초창기에 비해 기업 가치가 수백 배 오른 회사도 있다.

결론적으로 말하면 매니저는 자신이 '주어진 일'에 집중하는 회사원형이 아니라 스스로 판을 만들어가는 '1인 사업가'적 기질이 필요하다. 자신이 이런 성향이 다분하다면 망설이지 않고 도전해볼 것을 권한다. 매니저 업무를 처음 시작하는 초창기에는 어떤 일이든 주어진 일을 완수해내는 데 집중한다면, 연차가 쌓일수록 자신이 담당한 연예인이 어떻게 성장해 갈 수 있을지 로드맵을 그릴 수 있는 능력을 갖추게 될 것이다.

 **RATINGS**

급여 수준

초봉은 회사에 따라 다르지만 중소기업 신입 사원 수준이다.

취업 난이도

진입 장벽은 높지 않지만 '버티기'가 중요하다.

향후 전망

엔터테인먼트 산업의 성장에 따라 매니저의 업무나 발전 방향도 달라지고 있다.

업무 강도

정시 출근, 정시 퇴근이 보장되는 '안정적인 직장'에 대한 로망이 있다면 꿈을 접어라.

업무 만족도

스타를 직접 키워냈다는 데서 오는 성취감은 짜릿하다.

PR

연예 직업의 발견

엔터테인먼트
홍보

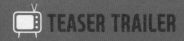
TEASER TRAILER

업무 개요	스타 및 콘텐츠 홍보 기획 및 실행, 언론 커뮤니케이션
급여 수준	연봉 2,500~3,000만 원대 중반 • 초봉 기준. 회사 규모에 따라 차이가 크다
채용 방식	공개 채용 또는 수시 채용
요구 어학 능력	영어
유용한 제2외국어	중국어
우대 경력	홍보 관련 인턴 활동

📺 PILOT PROGRAMME

엔터테인먼트 업계에서 홍보는 점점 업의 성패를 좌우할 만큼 필수불가결한 요소가 됐다. 요즘 같은 뉴미디어 시대에는 온 국민이 아는 A급 스타의 사소한 일탈이 금세 소셜 네트워크 서비스를 가득 채워 당사자가 회복 불가능한 상태가 된다. 또 TV 채널이 급격히 늘어나면서 시청자는 즐겁지만, 방송사 입장에서는 직장인 1년 치 연봉을 1회분 제작비로 쏟아붓는 프로그램이 시청자들이 인지하지도 못한 상태에서 사라지니 긴장의 연속이다. 이런 상황에서 홍보 분야는 점점 전문성을 요하며 중요해지고 있다.

엔터테인먼트계의 홍보, 스타만큼이나 중요하다

엔터테인먼트 홍보 대상은 크게 스타와 콘텐츠로 나뉜다. 전자는 주로 연예 기획사, 후자는 방송사나 영화 배급사의 홍보 대상이다. 홍보 대상에 따라 홍보의 성격도 달라진다. 스타에 대한 홍보는 일반 기업의 '홍보'와 일맥상통하는 면이 있다. 일반 기업은 소비자와 직접 마주하는 경우가 없고, 보통 제품을 연결고리로 만난다. 그래서 일반 기업의 홍보는 기업 자체를 알리고 이미지를 관리하는 데 주력한다. 기업의 실수나 잘못, 그로 인한 비판이 수면 위로 올라왔을 때 위기를 어떻게 관리하는지가 중요한 이슈가 될 수밖에 없다. 사방이 투명한 '유리관' 안에 살고 있는 연기자와 뮤지션도 마찬가지다. 무명씨에 가까운 이들이라면 이름 석 자를 알리는 데 주력하겠지만, 이미 정상에 선 스타들은 한순간의 실수로 나락에 떨어지지 않도록 끊임없이 관리해야 한다.

엔터테인먼트 홍보의 대상이 콘텐츠일 경우에는 오히려 일반 기업의 '마케팅'에 가깝다. '프로그램'이라는 제품을 생산해내는 방송에 한정해서 보면, 이해가 빠르다. 2017년 현재, 유료 채널을 시청하는 가정이 접할 수 있는 채널 수는 대략 200개가 넘는다. 여기에 유튜브와 넷플릭스 같은 새로운 플랫폼이 더해져, 시청자들이 접할 수 있는 채널은 가히 무한대에 가까워졌다. 이런 상황에서 매 시간 새로운 프로그램이 만들어진다. 방송업계에서는 시청자들이 총 방송되는 프로그램의 10퍼센트만 인지한다고 보고 있다. 말하자면 90퍼센트의 프로그램은 시청자들의 뇌리에 스치지도 못한 채 슬픈 운명을 맞이해야 한다. 방송사 홍보팀에게는, 프로그램(제품)의 타깃 시청자들(소비자)이 모여 있는 플랫폼(시장)에, 확산성 높은 언어와 스타일을 구사해, 프로그램을 알리고 시청률(판매)을 높이는 게 매일의 숙명인 것이다.

뉴미디어가 바꾼 홍보 그리고 채용 분위기

분위기를 감지했겠지만 최근 엔터테인먼트 업계는 새로운 미디어의 전면적인 등장으로 인해 홍보 방식도 변화하고 있다. 스포츠 연예지 외에는 홍보 채널이 없던 시절에는 보도자료의 배포와 기사화, 기자들과의 커뮤니케이션에 사력을 다했다. 이제는 소셜 네트워크 서비스에서 널리 유포될 수 있는 홍보 콘텐츠 생산에 크게 관심을 기울이고, 대중과의 접점을 간접적인 방식이 아닌 직접적인 방식으로 만들어가고 있다. 물론 언론과의 관계를 무시하면서 뉴미디어에 집중한다는 이야기는 아니다. 홍보의 중심축이 서서히 움직이고 있다는 의미다.

자연스레 채용 분위기도 변화하고 있다. 엔터테인먼트

업계에 재직 중인 어느 관계자는 "스펙을 보지 않는다고 는 못하겠다. 하지만 학벌에 대한 집착이 10년 전보다 많이 중화된 것은 확실하다. 똑같은 홍보 콘텐츠를 블로그, 페이스북 페이지에서 어떻게 달리 구사할지 아는 정도의 감각이 있다면, 또는 본인 SNS 계정의 팔로워가 10만 명이 넘어갈 정도라면, 서류 전형을 통과해 면접까지 보는 것은 전혀 문제없다"고 귀띔한다.

사안을 꿰뚫는 감각과 준수한 사회성을 가지고 있고, 뉴미디어에 익숙하며, 대중을 유혹하는 콘텐츠 생산 능력이 있다고 자부한다면 충분히 도전해 볼 만하지 않은가?

STAR

양지혜 NEW 홍보팀장

영화 투자배급사 '빅4' 중 하나인 NEW의 양지혜 팀장은 엔터테인먼트 분야 홍보에서 전문가로 손꼽힌다. 영화는 물론이고 드라마, 공연 홍보를 모두 섭렵한, 몇 안 되는 인물이다. 까다롭기 그지없는 기자들도 인정하는 홍보인이기도 하다. 드라마 '태양의 후예'로 바쁜 나날을 보낸후, 2017년 1월에 그간의 고생에 보답이라도 받듯 영화기자협회가 수여하는 '올해의 홍보인'으로 선정됐다.

공연을 사랑하는 팬에서 엔터테인먼트 홍보 전문가로의 변신. 어쩌면 이 분야에 고개를 기웃거리는 이라면 솔깃할 수밖에 없는 이야기의 주인공이 바로 양지혜 팀장이다. 필자의 주변만 해도 뮤지컬과 연극을 사랑해서, 음악을 조용히 즐기는 건 성에 차지 않아서, 아예 이를 밥벌이로 삼고 싶어 하고, 적극적으로 방법을 모색하려 필자를 괴롭히는 이들이 차고 넘친다. 당신도 그중 한 사람이라

▎양지혜 NEW 홍보팀장. 2017년 1월, 영화기자협회가 수여하는 '올해의 홍보인'으로 선정됐다. ⓒ 이영훈

면 양지혜 팀장의 엔터테인먼트 업계 입성기와 성장기를
유심히 살펴보길 바란다.

TIP 1. 막연한 관심은 그만! 공부부터 하라

출발은 팬심이었다. 요즘 젊은 여성들이 그렇듯 공연 예
술에 관심이 많았고, 나아가 업으로 삼고 싶다는 생각을
했다. "공연 보는 걸 워낙 좋아했어요. 그러다 막연히 이
쪽 계통에서 일하고 싶다는 생각을 하게 됐죠. 사실 처음
부터 무엇을 어떻게 해야 하는지 도통 모르겠더라고요.
그래서 일단 관련 전공을 다시 공부해야겠다는 생각에 예
술경영학과 대학원에 입학했어요."

누구나 열심히 한다. 특히 성실함을 큰 가치로 여기는
우리나라의 분위기상 열심히 하지 않는 사람은 없다. 다
만 간절함을 가진 사람과 그렇지 않은 사람의 차이는 크
다. 절실한 사람은 남들이 보지 않는 것을 보고, 생각지
않은 것을 생각한다. 양지혜 팀장이 그랬다.

"대학원 졸업 후 서울문화재단에서 인턴 생활을 9개월
간 했어요. 홍보팀 인턴이었는데 뉴스를 클리핑하고, 기
사를 체크하고, '한옥 탐방 투어' 같은 회사 행사가 있으

면 홍보하는 일을 맡았죠. 남들보다 좀 늦은 나이였기에 '이거 아니면 없다'는 생각으로 열심히 해서 그런지 공공기관 인턴들을 모아 교육하는 프로그램에서 상을 받기도 했어요."

그렇게 '홍보'에 발을 디딘 양 팀장은 일을 할수록 공공기관보다는 사기업에서의 홍보가 본인에게 맞겠다는 판단을 했다. 직업의 안정성을 최우선의 가치로 두는 요즘 사회 분위기상 이해할 수 없는 결정일 것이다. 하지만 양 팀장의 판단 근거는 자신의 적성이었다.

"업무의 기본을 닦은 후 자신에게 어떤 것이 맞는지, 원하는 게 무엇인지 깨닫는 순간이 와요. 서울문화재단에서의 인턴 업무는 기본적으로 홍보팀이 어떤 일을 하는지 알게 된 소중한 경험이었어요. 하지만 제게는 다소 정적인 공공기관보다는 좀 더 역동적인 분야가 적성에 맞겠다는 판단을 했어요. 인턴 종료 후 공공기관에 지원하기보다는 사기업 쪽을 살핀 이유였죠."

그러나 인턴을 마치고 스물아홉 살이 된 그를 두 팔 벌려 받아주는 회사는 없었다. 지원한 회사에서 원하는 나이나 직급 등이 맞지 않아 고배도 많이 마셨다. "이력서를 수십 군데 넣었던 걸로 기억해요(웃음). 주로 공연 홍보 쪽으로 지원했는데, 쉽게 문이 열리진 않더군요. 그때만 해도 공연 쪽은 작은 규모라 홍보 인력을 따로 뽑지 않는 곳도 꽤 있었고요. 그러다 마지막이라고 생각하고 이력서를 넣은 곳에서 연락이 왔어요. '빌리 엘리어트'라는, 이제는 꽤 유명한 공연을 올리고 있는 뮤지컬 기획사였죠."

TIP 2. '행간의 의미'를 읽을 줄 아는 센스

인턴을 마치고 처음으로 시작한 사회생활에서 양 팀장은 "호되게 배웠다"고 했다. '빌리 엘리어트'가 당시 초연이었던 터라 홍보 계획부터 보도자료 작성까지 모두 처음부터 시작해야 했다. 홍보의 기본이라 할 수 있는, 홍보 대상에 대한 파악도 제대로 되어 있지 않았다. 그야말로 좌충우돌이었다.

"공연 관련 보도자료를 쓰면 문구 하나만 틀려도 문제가 될 때가 있어요. 그것 때문에 여기저기서 혼날 땐 '과연 이 일이 내게 맞는 건가?'라는 생각을 하게 되더라고요. 당시 홍보 인원이 저 혼자뿐이었는데, 가르쳐주는 사람도 없고, 작품도 몰랐죠. 게다가 홍보해야 할 대상인 기자들도 모르니 매일이 전쟁터 같았다고 할까요?(웃음)"

홍보 업무 중 하나인 기자들을 만나는 일도 처음엔 그저 부담이었다. "기자들을 대하기가 너무 무섭고 두려웠어요. 왠지 다가가기 힘들더라고요. 어떻게 커뮤니케이션을 할지 늘 숙제였죠." 물론 시간이 지날수록 기자들과 하나 둘씩 친분이 생겨 업무 수행에 탄력을 받기 시작했다.

하지만 업무가 몸에 익어갈 즈음 큰 사고를 치고 말았다. 공연 연습실에 놀러오고 싶다는 기자의 요청을 가볍게 받아들여 수락했는데, 그게 인터뷰를 하고 사진도 촬영하고 싶다는 뜻인 걸 몰랐다. 현장에서는 그야말로 난리가 났다. "그 기자는 현장 인터뷰를 하고 싶다는 뜻을 전달한 거였어요. 저는 문자 그대로 '놀러 오고 싶다'고 받아들인 거죠. 커뮤니케이션의 오류였어요. 현장에서는 갑자기 인터뷰를 한다고 하니 어안이 벙벙했고, 기자는 당연히 진행되어야 할 인터뷰가 안 되니 황당했죠. 결국 눈물이 쏙 빠지게 혼이 났어요(웃음). 홍보 담당자는 '행간의 의미'를 정확히 읽고 대처할 줄 아는 세심한 커뮤니케이션 능력을 갖춰야 한다는 사실을 제대로 알게 된 사건이었어요."

TIP 3. 시작이 미미하다면 당신만의 포트폴리오를 만들어가라

양 팀장은 3년간 일한 첫 직장에서 아침 9시부터 밤 12시까지 일하는 게 일상이었다고 했다. "그때는 내가 늦은 만큼 남들이 5년 동안 할 것을 2~3년 안에 따라잡아야 한다는 생각이 강했어요. 내가 이 일을 제대로 해내면 10년의 업력에 상응하는 실력을 가질 수 있을 거란 생각을 했죠. 실제로 '빌리 엘리어트' 공연도 한국에서 빠르게 자리 잡았고, 저 또한 그랬어요. 큰 작품이 공연되니 기자들을 많이 만날 수 있었고 덕분에 성장할 수 있었죠. 홍보는 기자들과의 친분이 아니라, 기획력이나 작품으로 승부해야 한다는 것을 깨달은 시기이기도 해요. 매일 기자들을 만나면서 '어떻게 하면 이 작품을 잘 알릴 수 있을까? 어떤 기획 아이템으로 홍보해야 할까'를 고민했으니까요."

홍보 업무 외의 일도 해야 하는 공연 기획사여서 처음에는 '내가 뭘 하는지 모르겠다'는 생각으로 혼란스러웠으나, '빌리 엘리어트' 초연을 마치고 나니 '진짜 홍보인이 됐다'는 자각을 하게 됐다. "육체적으로 힘들었어요. 하지만 '빌리 엘리어트'는 제가 정말 사랑한 작품이고, 지금도 그래요. 동료들도 참 좋았고, 기자들과도 인연을 많

이 쌓았죠."

작품이 꾸준한 성공을 거두자 여기저기서 양 팀장을 찾는 곳이 많아졌다. 홍보 업무를 통해 알게 된 공연 관계자들이나 기자들이 '옮겨보지 않겠느냐'며 다른 자리를 종종 소개했다. "'빌리 엘리어트' 홍보를 3년쯤 했을 때 한 곳에만 집착하지 말고 더 성장할 수 있는 곳을 찾아 앞으로 나아가라는 얘길 많이 들었어요. 이 공연을 꾸준히 잘 해온 게 자연스럽게 저의 이력서가 된 거죠."

때마침 다른 공연 경력도 쌓아 보고 싶었던 양 팀장은, 이후 자리를 옮겨 1년간 뮤지컬 '두 도시 이야기', '폴링 포 이브', '비밥' 등의 홍보 마케팅을 하며 공연 홍보인으로 자리를 굳혔다. 그러다 2013년 지금의 회사인 NEW에서 새롭게 공연사업부를 운영하게 되면서 공연 홍보팀 자리를 제안 받았다.

"당시 NEW가 공연사업부를 시작하면서 시범적으로 홍보팀 인원 2명이 공연 홍보를 맡게 됐어요. 처음 하게 된 작품이 '디셈버'였는데, 아이돌 멤버 캐스팅과 창작 뮤지컬이라는 이슈로 인해 뮤지컬 업계에서 주목을 받는 작품이었죠. 공연은 큰 성공을 거뒀어요. 저도 제 이름을 걸

▌양지혜 팀장의 성장을 이끈 뮤지컬 '빌리 엘리어트' ⓒ 신시컴퍼니

고 하는 작품이라는 생각으로 잘하고 싶다는 생각을 많이
했죠."

TIP 4. "일을 할 줄 아는 사람은 분야를 바꿔도 잘한다"
NEW 공연사업부에서 경력을 쌓던 양 팀장은 2014년 말
에 영화 담당 홍보팀으로 부서 이동을 제안 받았다. 당시
NEW는 '신세계', '7번방의 선물' 같은 영화를 연이어 내
놓으며 영화 투자·배급업계에서 CJ·쇼박스·롯데엔터테
인먼트와 어깨를 나란히 할 정도로 폭발적인 성장세를 보
이던 시점이었다. 홍보팀을 따로 두지 않았던 NEW는 기
업 브랜드 이미지를 높이고 안정적인 홍보를 위해 홍보팀
을 구성했다.

"공연업계가 3,000억 원 시장이라면 영화는 2조 원대예
요. 훨씬 규모가 크고 움직일 수 있는 인력도 많죠. 처음
부터 자신감에 넘쳤던 건 아니지만, '일을 할 줄 아는 사
람들은 분야를 바꿔도 잘할 수 있다'는 조언에 힘을 얻었
어요. 2015년 1월, 영화 '허삼관'을 시작으로 영화 홍보 일
을 시작하게 됐어요." 이후 양 팀장은 '연평해전', '부산행',
'더킹', '뷰티인사이드', '더폰', '오빠생각', '옥자', '악녀',

I 양지혜 팀장은 공연 업계를 거친 후, 최근에는 영화와 드라마를 홍보한다. 영화 '옥자'는 그중 하나다. ⓒ 이영훈

'장산범' 등 NEW가 배급 또는 투자한 영화를 홍보했다.

2016년에는 최고 히트 드라마인 '태양의 후예'를 NEW
가 투자하게 되면서, 드라마 홍보도 함께 진행했다. "'태
양의 후예' 같은 큰 작품을 할 때는 하루가 어떻게 지나가
는지도 모르게 시간이 갑니다. 새벽부터 울리는 기자들의
문의 전화, 문자에 답하다 보면 어느새 오후가 되고, 그때
부터 보도자료 작성이나 회의를 해요. 다시 새벽이 되면
전날 시청률을 체크하고 뉴스 나온 것을 검색하죠. 정말
정신없었어요."

TIP 5. 휴일의 달콤함은 잊어라

양 팀장의 말대로 엔터테인먼트 홍보를 하다 보면 "정말
정신이 없을 정도로" 하루가 빨리 돌아간다. 출근하면 전
날 뉴스를 검색하고 홍보에 필요한 뉴스를 클리핑한다.
오전 회의를 마치면 기획 중인 영화 회의에 참석한다. 전
반적인 기획 내용을 알아야 홍보도 풍부하게 진행될 수
있기 때문이다. 점심에는 주로 기자들을 만난다. 업계 동
향을 살피면서 바뀐 기자들을 체크하고 명단을 수정한다.
저녁에도 대부분 기자나 업계 관계자를 만난다. 양 팀장

은 "기자들 분위기도 많이 바뀌어서 예전처럼 밤늦게까지 술을 마시는 일은 많지 않아요. 그래도 '칼퇴근'을 기대하지 않는 게 좋습니다"라고 말한다. 잠자는 시간에도 전화를 받을 때가 있다. 이슈가 언제 터질지 모르니 감내해야 하는 부분이다.

상황이 이러니 관점을 달리해서 어려움을 받아들일 수밖에 없다. 일종의 '정신 승리'다. '피할 수 없으면 즐기라'라는, 군대에서 들을 수 있는 구호를 가슴에 새기고 살아야 한다는 게 양 팀장의 조언이다. "예를 들어 점심식사나 저녁 자리에 누군가를 일로 만나 접대해야한다는 부담감을 가지면 금방 지칠 거예요. 관점을 바꿔서 덕분에 나도 맛있는 밥을 먹으면서 업계 돌아가는 이야기도 듣고 친분을 쌓는다는 생각을 가지고 있으면 일이 훨씬 재밌죠. 모든 것이 디지털로 이뤄지는 시대이지만 모든 것은 사람으로부터 나오기에 사람 만나는 일을 게을리 하면 안 돼요."

양 팀장이 이런 어려움에도 불구하고 엔터테인먼트 홍보를 놓지 않는 것은 엔터테인먼트의 존재 이유에 깊이 공감하기 때문이다. 양 팀장은 "초창기에 홍보 일을 시작할 때 대표님이 그러셨어요. '엔터테인먼트 업계는 사람들에게 환상을 판다'고요. 그 말이 가슴 깊이 와 닿았어요"라고 말한다. 그러고는 한마디 덧붙인다. "기분 좋은 환상으로 팍팍한 일상에 행복을 주는 일에 관심이 있다면 이 일에 도전해볼 만합니다."

 **REVIEW**

엔터테인먼트 홍보는 '일반인'이 엔터테인먼트 업계에 진출할 수 있는 가장 가능성이 높은 직업이다. 배우나 뮤지션이 되기 위해서는 타고난 재주와 끼, 외모가 더해져야 한다. 노력만으로 될 수 있다고 말하는 건 비현실적이다. 하지만 '홍보'라면 다르다. 팬의 마음으로 지켜보다 노력 여하에 따라 업계에서 충분히 밥벌이를 할 수 있다.

노력의 시발점은 엔터테인먼트 홍보에서 요구하는 기본 조건을 채워가는 일이 되어야 한다. 필자가 만나본 엔터테인먼트 홍보팀 직원들의 공통점은 이렇다. 기자들이 무슨 질문을 해도 금방 답변을 할 수 있을 정도로 업계 판도와 조직 내 업무를 완벽하게 이해하고, 이를 말과 글로 잘 풀어낸다. 소위 SQ(Social Quotient, 사회성 지수), EQ(Emotional Quotient, 감성 지수)가 높아서 사람 상대에도 능숙하다. 조금 친분이 생기면 사적인 이야기를 서슴없이 털어 놓게 할 정도로, 상대를 무장해제 시키는 능력이 뛰어나다. 최근에는 뉴미디어의 활용 능력이 매우 뛰어난 홍보 담당자들이 늘어났다. 세대별 라이프스타일이 어떤지, 그들만의 언어가 무엇인지 꿰뚫고 있다. 예를 들어 20대 여성들이 주로 모여 있는 인스타그램, 50대 이상의 주부들이 드나드는 카카오 스토리에서 무엇을 어떻게 이야기해야 할지 안다.

사실 이런 조건들을 모두 갖출 수는 없다. 필자도 숨이 턱 막히고 현기증이 날 정도다. 하지만 이것만은 잊지 않았으면 한다. 홍보 담당자에게 본질적으로 중요한 것은 결국 '사람을 대하는 태도'라는 점이다. 양지혜 팀장은 이렇게 말한다. "저는 홍보는 영업직과 똑같다고 생각해요. 사람을 대하는 일이기에 감정 노동을 요할 때도 있고, 반대로 힘들 때 생각지도 않게 기자들에게 위로를 받는 경우도 꽤 있어요. 결국 인간관계에 답이 있는 거죠. 그래서 태도가 좋은 사람이 중요해요. 말도 가려서 할 줄 알아야 하고, 상황에 맞는 유연함도 필요하죠."

뉴미디어 시대에 '사람을 대하는 태도'를 강조하는 것이 과연 적절할까? 홍보 방식도 변하고 있다고 하지 않았나? 양지혜 팀장은 "매체도 변화하고 홍보 스타일도 바꿔고 있지만, 모두 인간이 하는 일이기 때문에 '대면 홍보'가 중요해요. 글로 써서 보내는 것과 내가 홍보하는 작품의 포인트를 직접 만나 설명하는 것과는 기사로 나오는 결과물의 차이가 정말 다르거든요. 이 직업은 사람을 빼고 이야기할 수 있는 직업이 아니에요"라고 말한다.

자신이 기본 소양을 갖췄다고 판단되면 '진심을 담은 자기소개서'에 총력을 기울이길 바란다. 여기서 방점은 '진심'에 찍혀 있다. '사람을 대하는 태도'를 강조하는 홍보직의 경우, 지원자가 '어떤 사람'인지를 알고 싶어 할 수밖에 없다. 몇 장의 입사지원서 중 이를 확인할 수 있는 곳은 결국 '자기소개서'다. 유려한 글 솜씨로 유혹할 수 있을 거라는 생각은 버리기를 바란다. 취업을 준비하는 이들이 크게 착각하는 점이 짜깁기를 통해 괜찮은 자기소개서를 완성할 수 있다고 생각하는 것이다. 하지만 글은 지문과 같다. 작성자의 진심이 담겨 있는지, 성격이 어떤지, 무슨 생각을 하는지 대략 유추가 가능하다. 믿지 못하겠지만 사실이다. 후배 기자를 선발해 본 필자의 경험에도 그렇다. 양지혜 팀장 역시 진심이 담긴 자기소개서에 반해 지원자를 대면한 적이 있다고 했다. "한번은 직원을 뽑을 때 유기견 관련 봉사활동을 4시간을 했다고 서술한 친구가 있었어요. 부풀려 쓴 게 아니었죠. 봉사활동을 4시간 했다는 대목을 읽고, 굉장히 솔직한 사람이라는 판단이 들어 면접을 본 경험이 있어요."

대중의 이목이 많이 쏠려 늘 화려함만 보이는 엔터테인먼트 업계. 이곳을 홍보하는 일도 그럴 것이라 착각할 수 있다. 하지만 '여기 아니면 안 돼'라고 마음을 먹은 이가 있다면, 진입 단계부터 대단한 준비를 필요로 하는 만큼 버티기도 쉽지 않다는 걸 잊지 않았으면 한다. 모든 일이 그렇듯 고고해 보이는 백조도 안에서는 열심히 물장구를 치고 있다. 현업 홍보 담당자도, 곁에서 그들의 모습을 지켜본 필자도 그렇게 생각한다.

 **RATINGS**

급여 수준

회사에 따라 천차만별이다.

취업 난이도

홍보는 경력직 이동이 많다. 처음부터 큰 회사만을 고집하기보다는 업계에서 경력을 쌓는 것이 중요하다.

향후 전망

엔터테인먼트 산업은 역동적이다. 홍보에 대한 니즈도 계속 커질 수밖에.

업무 강도

퇴근 후에도 기자들을 만나고 문자에 답을 해야 한다.

업무 만족도

사람 만나기를 좋아하는 성향이라면 더 즐겁게 일할 수 있다.

연예 직업의 발견

연예 기자

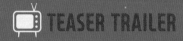 **TEASER TRAILER**

업무 개요	국내·외 연예계 관련 기사 작성
급여 수준	연봉 2,500~3,500만 원 사이 • 인터넷 신문·스포츠 연예지 초봉 기준 • 회사 규모에 따라 상이
채용 방식	공개 채용 또는 수시 채용
요구 어학 능력	영어
유용한 제2외국어	중국어, 일본어
우대 경력	연예 언론 관련 인턴 활동

📺 PILOT PROGRAMME

연예 매체는 대중의 관심을 먹고사는 엔터테인먼트 산업의 구성원과 콘텐츠를 다룬다. 연예인과 그 주변 인물의 스토리를 발굴하고, 방송, 영화, 음악의 트렌드를 재빨리 감지해 이를 대중에게 전한다.

'엔터테인먼트'를 다루다보니 연예 매체의 기사는 그 어느 분야보다 대중의 관심도가 높다. 멀리 갈 것도 없다. 검색어 트렌드를 조회할 수 있는 '네이버 데이터랩'을 통해 알 수 있다. 2016년에 드라마 '태양의 후예'로 전성기를 맞이한 배우 송중기와 유로 2016에서 우승을 차지한 전 세계적인 축구 스타 크리스티아누 호날두를 비교해보자. 2016년 2월부터 같은 해 7월까지 두 스타의 네이버 통합 검색 빈도를 비교하면, 뒷 장의 그래프가 보여주듯이 송중기가 압도적으로 많다. 호날두가 7월 11일 유로 2016 결승전에서 프랑스를 꺾고 포르투갈의 우승을 이끌었음에도 한국에서는 배우 송중기에 대한 관심을 따라가

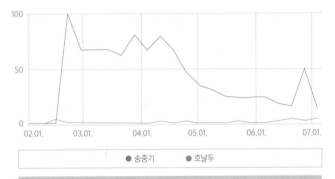

지 못했다.

연예 매체도 최근 10년 사이에 급증했다. 2016년 현재, 연예 관련 매체로 등록된 언론사는 줄잡아 70여 개가 넘는다. 연예 콘텐츠 생산의 중심도 전통적인 매체에서 신생 매체로 이동했다. 통신사, 종합지, 스포츠 연예지 중심에서 온라인 매체, 나아가 파파라치 매체로 이동했다.

매체에 따라 연예 기자가 일하는 방식이 다르다

같은 연예 담당 기자라도 통신사, 종합지, 스포츠 연예지, 온라인 스포츠 연예 매체, 파파라치 매체 등 미디어의 성격에 따라 콘텐츠 내용, 업무 방식 및 강도가 조금씩 다르다.

통신사는 각 언론사에 기사를 공급하는 역할을 하는 매체다. 〈연합뉴스〉, 〈뉴시스〉, 〈뉴스1〉이 이에 해당한다. 통신사는 사실 전달에 좀 더 치중하는 편이다. 그렇다 보니 통신사의 연예 담당 기자는 연예 뉴스에 대한 분석보다는 트렌드를 좇으며 기사화하고, 행사를 보도하는 데 시간을 할애한다. 통신사 기자는 종합지 기자에 비해 업무 강도가 센 편이다. 하루에 보도 자료를 포함해 10개 이상의 기사를 소화한다. 보통 회사로 출근했다가 오후에는 취재를 위해 외근을 나간다.

종합지는 〈조선일보〉, 〈중앙일보〉, 〈한겨레신문〉과 같은 전통적인 신문사를 생각하면 된다. 이런 매체는 연예부를 따로 만들기보다는 문화부에서 연예 영역을 담당한다. 흔히 연예부 특종으로 일컬어지는 열애설 등의 가십 기사보다는 묵직한 기획 기사에 공을 들인다. 가십 기사는 주로 연예인의 사생활과 그 외 연예계 소식을 전하는 단발성 기사로 이뤄진다면, 기획 기사는 연예계 이슈를 한두 가지의 주제를 통해 기자의 생각을 펼쳐 나가는 형식이다. 예를 들어 "낡아도 불편해도 좋아…LP·카세트에 빠진 청춘들"(한국일보 2016년 6월 20일자, 양승준 기자), "입시학원 강사 몸값 올려주는 방송사들"(한겨레신문 2016년 6월 14일, 남지은 기자) 같은 기사는 한 가지 테마를 잡아 현상의 이면을 집중적으로 취재 보도한 기사다. 종합지의 문화부 기자는 이런 기사를 하루에 1~2건 작성한다. 통신사, 스포츠 연예지, 온라인 스포츠 연예 매체보다 기사수가 월등하게 적지만, 취재와 기사 작성에 할애하는 시간은 상당하다.

스포츠 연예지는 〈스포츠서울〉, 〈일간스포츠〉와 같은 매체를 일컫는다. 전통적인 연예 매체라고 할 수 있는 이들은 1969년 창간된 〈일간스포츠〉를 시작으로 1990년대 말까지 연예 관련 기사 생산을 주도했다. 2000년대 들어 온라인 연예 매체가 속속 등장하면서 몇몇 스포츠 연예지가 주도하던 시장 구도가 무너져 최근에는 신문의 존립마저 위태로운 지경에 이르렀지만, 엔터테인먼트 관련 취재의 전통과 네트워크는 여전히 탄탄하다. 소위 '특종'으로 불리는 가십성 단독 기사는 스포츠 연예지에서 나오는 경우가 많다. 현안에 대한 분석이 많은 종합지에 비해 기사가 흥미를 끄는 경우가 많고, 온라인 연예 매체에 비해서는 기사수가 적은 편이지만 단독 기사의 가치를 중시한다.

온라인 스포츠 연예 매체에는 〈스타뉴스〉, 〈마이데일리〉, 〈오센〉, 〈조이뉴스24〉 등 수십 개가 있다. 이들 매체는 포털 사이트에 기사를 공급하고 조회수에 따라 수익을 얻는다. 2004년 포털 사이트에 연예 뉴스 공급이 본격화되면서 생겨난 구조다. 온라인 매체는 실시간 속보 처리와 TV 모니터링 등 신속한 기사 제공을 무기로 전통적인 스포츠 연예지와 경쟁하며 자리를 잡아가고 있다. 당연히 이들 매체의 기자는 하루에 생산해야 할 기사량이 많고 업무 강도도 높다.

인터넷 트래픽 경쟁이 심화되면서 질보다는 양을 추구하는 관행이 확산되는 것에 반기를 들며 전문 영역을 구축하겠다고 선언한 흐름도 생겨났다. 연예 전문 매체를 표방하는 〈아이즈〉, 〈뉴스에이드〉 등이 대표적이다. 기사수는 여타 매체에 비해 가장 적지만, 드라마나 영화에 등장하는 배우와 콘텐츠를 심층적으로 분석하면서 전문 매체다운 입지를 다져가고 있다.

미국처럼 스타들의 일거수일투족을 비밀리에 담는 파파라치 매체도 국내에 생겨났다. 〈디스패치〉가 대표적이다. 이들은 일반적인 연예지와는 궤를 달리한다. 제보를 바탕으로 현장에서 톱스타의 사생활을 카메라에 담는다. 파파라치 매체는 연예인 특종을 가장 중시한다. 스타들의 결혼, 열애가 주된 테마다. 많게는 몇 달간 잠복근무를 하며 촬영한 사진을 바탕으로 특종을 터트린다. 이들 매체 기자들은 평소에는 영화, 드라마 제작 발표회에 참석하고, 연예인을 인터뷰하는 등 보통의 연예 기자들과 동일한 업무를 소화하지만, 이른바 '파파라치 특종'이라고 불리는 자신들의 고유 영역을 특화시킨다. 기자 입장에서는 근무 외 시간을 들여 취재를 하고 잠복을 해야 한다는 점에서 업무 강도가 매우 높을 수밖에 없다.

파파라치 매체는 과도하게 연예인의 사생활을 침해한다는 논란이 사그라지지 않고 있다. 하지만 대중의 이목을 한 몸에 받는 스타들의 은밀한 사생활을 보여주며 대중의 관음증적 욕망을 충족시켜주기 때문에 이들 매체는 계속 대중의 이목을 집중시킬 것으로 보인다.

연예 기자 채용 흐름

연예 기자 채용은 일반 기업과 마찬가지로 공개 채용과 수시 채용으로 이뤄진다. 공개 채용의 경우, 각 언론사마다 차이는 있지만 이력서와 자기소개서, 어학 점수를 기준으로 서류를 심사하고 면접을 본다. 학점이나 어학 점수가 반드시 높아야 하는 것은 아니다. 하지만 성실성을 보여주는 지표로 활용된다는 점은 감안해야 한다.

수시 채용도 잦은 편이다. 일반적으로 1년 이상의 경력이 쌓이면 수시 채용을 통한 다른 매체로의 이동이 가능하다. 신입 기자의 경우, 보통 공개 채용을 통한 입사가 일반적이지만, 다른 분야에서 기자 경험이 있거나 엔터테인먼트 관련 경험이 있다면 면접을 통한 수시 채용도 이뤄진다. 이전에 작성한 기사가 있다면 포트폴리오로 제출하고, 기사가 없다면 관련 업무에 대한 적성과 기자직에 대한 열정, 엔터테인먼트 분야에 대한 관심을 효과적으로 표현하면 채용 가능성이 높아진다.

4년제 대학은 졸업하는 게 좋다. 최근 KBS, MBC, SBS 등의 방송사와 종합지도 학력 파괴에 동참하고 있지만, 현업에서 종사하는 연예 기자들을 살펴보면 대부분 4년 제 대학 출신이다. 학력이 능력을 좌우하지는 않으나, 현 재 업계 분위기가 어떤지는 파악할 필요가 있다. 전공에 특별히 제한을 두거나 우대하는 것은 없다. 다만 글을 쓰 는 직업의 특성상 인문, 어학, 사회과학 계열 전공자들이 대부분이다. 이공계 출신도 이따금 보인다.

어학 능력이 출중하면 업무에 도움이 된다. 수준급의 영어 실력을 보유하고 있다면 해외 연예 소식을 전하거 나, 해외 스타의 기자 회견이나 인터뷰 때 빛을 발할 수 있다. 최근에는 중국에서 한류 열풍이 불며 일부 언론사 에서 중국어가 가능한 기자를 따로 채용할 정도이니, 중 국어를 할 수 있다면 합격할 가능성이 더욱 높아진다.

'연예 기자'는 엔터테인먼트라는 다소 특화된 분야를 취재하기 때문에 일반 기자들과는 조금 다른 채용 방식 을 가지고 있다고 생각하기 쉽다. 그러나 첫 관문은 일반 언론사와 비슷하다. 이 때문에 자신의 적성, 글쓰기 능력, 엔터테인먼트 분야에 대한 관심, 어학 능력을 꾸준히 쌓

은 후, 목표하는 언론사를 정해 문을 두드려야 합격 가능
성을 높일 수 있다.

STAR

김겨울 YTN Star 연예팀장

김겨울 기자는 경력 10년이 넘는 베테랑이다. 〈머니투데이 스타뉴스〉를 거쳐 현재 YTN Star 연예팀장으로 재직 중이다. MBC의 '섹션TV 연예통신', KBSN의 '시청률의 제왕' 등 다수의 방송 프로그램에서 연예계 소식을 전하는 '스타 기자'로 맹활약 했다. 연예 기자 10년의 경험을 밑바탕 삼아 새로운 영역에 도전하기도 했다. TV 조선의 예능 프로그램 '연예 in TV'를 진행했고, 방송인 박경림과 함께 책을 출간한 경험도 있다. 올해 필자와 함께 대통령 선거 투표 캠페인인 '0509 장미프로젝트'를 기획해 중앙선거관리위원회로부터 감사패를 받기도 했다. 연예 기자로서 자신만의 입지를 다진 김겨울 기자에게 연예 기자 입성 방법, 적나라한 연예 기자 생활과 전망을 들어봤다.

▎김겨울 YTN Star 연예팀장 ⓒ 정소희

TIP 1. 공채만이 정답? 우회로도 있다

김겨울 기자는 처음부터 기자가 되려고 공부한 건 아니었다. 책을 좋아하고 예능 프로그램 마니아였던 게 전부인 평범한 학생이었다. 다만 남들보다 좀 더 책을 많이 읽고 세상의 잡다한 지식을 알게 되면서 호기심이 많아졌다. 대학 졸업반이 되면서는 막연히 뭔가 기획하는 일을 하면 좋겠다는 생각을 했다.

대학 4학년 때 〈한겨레신문〉 부설 아카데미인 언론사 준비 강좌를 듣기는 했다. 하지만 흔히 '언론고시생'이라고 불리는 기자 지망생들과는 조금 다른 길을 통해 기자 세계에 입문했다. 다른 기자 지망생들이 토익 공부나 언론사 준비를 위한 글쓰기 연습과 같은 전통적인 기자 입문 코스를 밟는 동안, 그는 대학 졸업 후 〈머니투데이 스타뉴스〉 인턴 기자에 지원했다.

"글쓰기에 큰 자신감이 있진 않았지만 어릴 적부터 책을 읽는 게 습관처럼 배어 있었어요. 뭔가를 탐구하고 호기심을 가지고 접근하는 데도 관심이 있었고요. 뭐든 망설이기보다는 일단 경험해보자는 생각을 갖고 있어서 인턴 기자 공고가 나왔을 때 바로 도전했고 합격을 했죠."

연예부 인턴 기자 생활은 도전정신이 강한 그에게 안성맞춤이었다. 지상파 방송사, 영화, 가요 등 연예부 주요 영역은 이미 선배들의 출입처였기 때문에, 연습생에 불과한 인턴 기자에게는 차례가 돌아오지 않았다. 그렇다고 현실에 안주하며 주어진 일만 할 생각은 없었다. 김겨울 기자는 타 기자들이 크게 관심을 두지 않던 라디오 분야를 집중적으로 파고들었다.

　"우연히 라디오 PD를 만나 얘기를 나누다가 DJ 인터뷰를 하면 좋겠다는 생각이 들었어요. 내친 김에 'DJ들을 소개해달라'고 PD에게 졸랐죠. 아직 위계질서가 강한 언론사에서 이제 갓 입사한 인턴 기자가 그리 하기는 어려운 일이었죠."

　자신의 아이디어에 확신이 있었던 김겨울 기자는 라디오 PD를 만나 자신의 생각을 전했고, 첫 타자로 당시 인기 DJ로 활약 중이던 박경림을 소개받았다. "첫 인터뷰인 박경림 씨에 대한 반응이 좋았어요. 라디오 PD들 사이에서 소문이 나면서, 이후에는 DJ 섭외가 쉽게 이뤄졌죠. 저 또한 즐겁게 일을 하게 된 계기가 됐어요."

　남들이 가지 않은 길을 가겠다는 그의 전략은 성공적이

ǀ 김겨울 기자의 특별한 인연, 방송인 박경림 ⓒ 정소희

었다. 방송인 박경림을 시작으로 하하, 이금희, 강수정, 그리고 언론에 거의 모습을 드러내지 않는 가수 김동률까지 줄줄이 인터뷰를 하게 됐다. "당시 사람들을 만나고, 그들을 통해 예상치 않았던 특종도 얻게 되면서 연예부에 점점 흥미를 느끼게 됐어요. 그때 인연으로 만난 박경림 씨는 지금도 자주 만날 정도로 남다른 우정을 쌓고 있고요."

이 과정에서 김겨울 기자도 생각의 변화가 있었다. '재미있는 콘텐츠를 만들면 좋겠다'는 막연한 생각은 있었지만, 꼭 '연예부 기자여야 한다'는 바람은 없었던 그였다. 하지만 끼와 재능을 지닌 다양한 스타들과의 만남을 통해, 예술적 감성을 갖고 독특한 삶을 사는 이들과 연예 콘텐츠에 대한 호기심이 증폭됐고, 나중에는 연예 기자를 할 수 있는 원동력이 됐다.

TIP 2. 일벌레가 특종을 잡는다

6개월간의 인턴 기자 생활을 한 후, 경제 전문지에 입사해 경제 분야를 취재하고 기사를 썼다. 경제 기자로서 1년 반 정도의 시간이 지났을 무렵, 〈머니투데이 스타뉴스〉 데스크가 연락을 해왔다. '함께해 보지 않겠냐'는 제안이었다. 인턴 생활 동안 연예부에 큰 매력을 느꼈던 김 기자는 별다른 고민 없이 받아들였다. 이번에는 정기자였 다. 다시 연예부 기자가 된 그는 그야말로 물 만난 고기처 럼 마음껏 업계를 휘저었다.

"오전 8시까지 회사에 출근해 시의성 있는 기사를 마무 리한 후, 곧바로 담당 방송사로 직행했어요. 당시 제 취재 처는 일산 MBC였는데 매일 PD나 작가를 만났어요. 방송 녹화에도 직접 찾아가는 게 일상이었죠. 그러다 보면 밤 10시~11시를 넘기기도 일쑤였고요. 매일 출근 도장을 찍 듯 가다 보니 PD들이 제게 '또 왔냐'고 물어보더라고요."

기자가 매일(!) 출입처를 방문하는 게 일반적이지는 않 다. 보통의 연예 기자들은 자신이 담당한 행사 취재를 하 고 계획된 인터뷰를 하거나, 시차를 두고 주기적으로 출 입처를 확인하는 정도에 그친다. 김겨울 기자의 경우에는 자신의 업무를 '일'로 받아들이지 않은 것이 눈에 띈다. 그래서 숨 쉬는 것처럼 취재하고 사람을 만날 수 있었고, 이게 연예 기자로서 성장하는 데 큰 강점이 됐다.

어느 직업이든 성실성은 가장 기본이 되는 덕목이다. 특히 연예 기자에게는 더욱 요청되는 가치다. 특종은 우연이 아니라 성실함에서 나오기 때문이다. 정말 열심히 뛰는 연예 기자는 늘 바쁘다. 회사마다 출근 시간이 다르지만 보통 8~9시 사이에 출근하고, 당직 근무가 있을 경우에는 1시간 빠른 오전 7시까지 사무실에 들어간다. 제일 먼저 하는 일은 속보나 방송 시청률, 영화 박스 오피스 기사 등 일간 뉴스를 처리하는 것. 이후에는 보통 기획 기사나 인터뷰 등 품이 많이 들어가는 기사를 쓴다. 오후에는 주로 취재를 위해 시간을 할애한다. 제작 발표회 등 행사 취재나 인터뷰, 출입처 취재 등으로 이어진다. 중간중간 사건 사고가 터질 때는 재빠르게 대처해야 한다. 굵직한 사건이 터지면, 취재 현장이나 경찰서로 달려간다.

"한참 방송사 취재를 다닐 때는 1년 치 드라마 라인업(드라마 제작 일정을 담은 스케줄표)과 일주일치 방송 녹화 일정을 모두 외우고 다녔어요. 특종이라는 것도 실은 성실히 취재원을 만나고, 관련 내용을 취재하는 꾸준함 속에서 나오는 것이거든요. 점심시간에도 가급적 취재원을 만나 업계 동향을 듣는 시간으로 활용하는 지혜가 필요하죠."

덕분에 김겨울 기자는 스타들의 결혼이나 열애, 굵직한 작품의 캐스팅 소식 등 적지 않은 특종을 잡아내는 기자로 성장했다.

TIP 3. '기자'가 아니라 '사람'이 먼저

김겨울 기자의 기억에 남는 '특종'은 스타 J씨와의 단독 인터뷰다. J씨는 감당하기 힘든 개인사 때문에 모든 활동을 접고 휴식을 취하던 때였다. "J씨 관련 기사를 반드시 쓰겠다는 마음이 앞서지는 않았어요. 인간적으로 너무 안타까운 마음이 들어 몇 번 만나 식사를 하고 이야기를 나누며 자연스럽게 친해졌어요. 물론 인터뷰를 하고 싶은 마음은 한 구석에 있었죠. 하지만 점점 J씨의 진솔한 이야기를 들으며 연민이 느껴졌고, 원치 않는 인터뷰는 하지 말아야겠다고 다짐을 했어요. 그런데 J씨가 먼저 단독 인터뷰를 제안하시더라고요. 밤을 새워 기사를 쓰면서, '내가 쓴 글로 인해 오해받지 않을까' 고민하며 몇 번이나 고치며 기사를 썼던 기억이 나요." 지금은 자신의 영역에서 활발하게 활동하며 대중 강연에도 나서는 J씨를 보면 뿌듯함을 느끼기도 한단다.

"연예 기자는 '사람'을 다룬다는 점에서 가장 흥미로워요. 그래서 또 가장 조심스럽기도 하고요. 내가 쓰는 기사한 줄이 그 사람의 인생에 큰 영향을 미칠 수 있거든요. 이혼이나 사고 등 개인 신상에 좋지 않은 일을 취재할 땐 두세 번 확인하면서 조심스럽게 접근하고 기사를 써야 해요. 예를 들어 어떤 스타에 대해 부정적인 기사를 써야 한다면, 이 기사가 보도됐을 때 어떤 영향을 미칠지 충분히 고려해야 한다는 거죠. 누군가의 사망 소식을 전할 때는 기자도 영향을 받아요. '국민 배우'였던 최진실 씨의 사망 소식을 취재할 땐 저 또한 마음이 안 좋았던 경험이 있습니다."

연예 관련 기사는 기본적으로 사람을 다룬다. 기사 소스도 사람을 통해 나온다. 그렇기 때문에 사람에 대한 관심이 있는지, 인간관계를 맺는 것에 마음이 열려 있는가도 스스로 점검해봐야 하는 덕목이다.

물론 기자로서 항상 좋았던 것만은 아니다. 돌아보면 오히려 힘든 시간들이 성장의 밑거름이 됐다고 한다. 어느 직업이든 마찬가지겠지만 연예 기자도 그들만의 고충이 존재한다. "다른 직업에 비해 매우 바빠서 가끔 개인 생활을 챙기기 힘들어요. 그리고 '연예 기자'를 가벼운 가십 기사를 다루는 기자로 치부할 때면 아쉽고요. 그럴 때는 함께 일하는 선배나 후배, 동기들과 이야기하며 해답을 찾았던 것 같아요. 결국 같은 길을 걷는 이들에게서 동질감과 함께 현재 닥친 문제에 대한 해결책도 찾을 수 있거든요."

TIP 3. 콘텐츠 기획자 마인드라면 유리

김겨울 기자가 연예 기자 중 스타급으로 여겨지는 이유는 남다른 기획력 때문이다.

인터뷰이를 만날 때도 평범한 곳에 만나지 않았다. 자비로 캠핑카를 빌려 그곳에서 스타들의 인터뷰를 진행했다. 일명 '캠핑카 인터뷰'였다. 김남주, 윤상현 등 인기 스타들이 등장하면서 대중의 눈길을 끌었다.

글로만 독자들을 만나던 것에서 벗어나 접점을 늘려가기도 했다. MBC를 취재하는 그를 눈여겨 본 PD가 방송 출연을 제안해 2008년 MBC의 '섹션TV 연예통신'에 출연했다. "시기를 잘 탄 것 같아요. 제가 일을 시작하던 시기부터 연예 뉴스에 대한 관심이 높아지면서 자연스레 연예인들의 이야기나 연예 뉴스의 뒷이야기를 중심으로 하는 방송 프로그램이 속속 생겨났거든요."

그 후에는 아예 방송을 '제작하기도' 했다. 늘 새로운 것을 추구하는 김겨울 기자의 기획력과 취재, 방송 출연을 통해 쌓인 인맥을 통해 Story On의 '상상주식회사'를 직접 기획해 방송으로 내보냈다.

"늘 어떤 기획을 할지를 머릿속에 담아두다 보니, 매일 취재하고 글을 쓰는 반복된 일상에 매너리즘에 빠질 때쯤 돌파구를 가질 수 있었어요. 콘텐츠를 다양하게 변주할 수 있는 능력을 자연스레 익히게 된 거죠."

김 기자는 "앞으로 성실함과 기획력이라는 무기로 참신하고 독보적인 콘텐츠를 만들고 싶다"는 포부를 밝혔다.

 **REVIEW**

흔히 '연예 기자'라고 하면 대중들이 실제로 쉽게 접할 수 없는 '셀리브리티'를 만나며 그들의 화려하고도 흥미진진한(!) 이야기를 전하는, '재미있는' 일을 한다고 착각한다. 필자 또한 연예 기자 초창기에 지인들을 만나면, 가장 많이 들었던 말이 "재미있는 얘기 좀 해봐"였다. '일반인' 입장에서 생각해보면 충분히 이해할 수 있는 말이다. 하지만 직업으로서 연예 기자가 되고 싶어 하는 이가 이런 생각을 한다면? 이 직업에 대해서 다시 생각해보길 바란다. 셀리브리티를 만나는 즐거움을 평생 지속하고 싶다면, 그저 팬으로 남길 바란다.

연예 기자의 처우가 좋다고도 할 수 없다. 금전적인 보상이나 직업의 안정성을 최우선으로 꼽는 사람이라면 연예 기자를 권하고 싶지 않다. 종합지와 방송사의 신입 기자의 경우 대기업 초봉 수준의 연봉이 보장되지만, 온라인 연예 매체에서는 규모에 따라 천차만별의 대우를 받는다. 다른 직장과 마찬가지로 위로 올라갈수록 차지할 수 있는 자리도 적어진다. 업무량도 많은 편이고 때로는 저녁 시간을 포기하고 취재나 행사 참석에 시간을 할애해야 할 때도 있다.

연예 기자를 바라보는 불편한 시각과도 맞서야 한다. TV 앞에 편하게 앉아 방송 모니터링 기사를 쓰고, 휘발성 강한 가십성 기사를 쓴다는 시각이 그것이다. 물론 기자가 발로 뛰는 콘텐츠가 아닌 비슷비슷한 기사를 양산해 내고, 이로 인해 기사의 질적 하락이 야기되고 있는 점은 모든 연예 기자들이 반성해야 할 점이다. 앞서 필자와 인터뷰를 한 김겨울 기자 역시 "연예 기자 생활 초반에 '가십 기사를 위주로 쓰는 연예 기자를 왜 하느냐'는 사람들이 많았다"고 말한다. 사실 이런 질문을 받고 제대로 답변을 하지 못하면 이 일을 계속 할 수 없다. 자신의 정체성과 관련된 문제이기 때문이다.

그럼에도 불구하고 연예 기자의 전망은 꽤 밝다. 한국 문화 콘텐츠의 세계화 가능성 때문이다. 현재 한국의 대중문화는 동아시아를 넘어 지구 반대편의 남미에서까지 사랑을 받고 있다. 자연스레 관련 소식을 전해야 하는 연예 기자의 수요는 더욱 많아질 수밖에 없다.

게다가 '연예인 관련 취재'에만 국한돼 있던 연예 기자의 영역이 더욱 넓어지고 있는 추세다. 연예계에 관한 관심이 늘어나고 세분화가 이뤄지면서 연예 기자들의 방송 출연이 잦아지고 있을 뿐만 아니라, 방송 및 영화 등 관련 업계로 이직하는 사례가 점점 늘어나고 있다. 특히 YG엔터테인먼트, FNC엔터테인먼트 등 대형 연예 기획사로의 이직이 매우 활발한 편이다. 5년 이상 연예 기자로 재직하면, 엔터테인먼트 업계 전반을 조망할 수 있는 시각을 갖게 되고, 한정된 시간 안에 살인적인 업무를 처리한 경험이 있는 연예 기자들의 경우, 빠르게 돌아가는 엔터테인먼트 업계 환경에 적응하는 것도 용이해서 대형 연예 기획사들이 환영하는 분위기다.

당신이 만약 글쓰기 실력과 외국어 능력이 출중하고, 여기에 새로운 것을 두려워하지 않는 기획력을 갖고 있다면 소위 '글로벌한 관점을 가진 기자'로 성장할 수 있다. 김겨울 기자는 연예 기자의 미래를 이렇게 정리했다. "한국 내에서 연예 뉴스를 취재하는 기자와 글로벌 시장을 대상으로 하는 기자로 구분될 것 같다는 게 제 생각입니다. 더불어 어떤 플랫폼을 통해 유통되느냐보다 '킬러 콘텐츠'를 가지고 있느냐가 중요한 시기가 올 것이고요. 기자들이 기존처럼 단지 기사만 쓰는 것이 아니라 직접 영상 콘텐츠도 기획하는 등 기획력을 중요시하는 시대가 올 거라는 얘기죠."

연예 기자를 꿈꾸는 이들에게 꼭 당부하고 싶은 게 있다. 이 모든 능력을 구비했다면, 이 직종의 일을 간접적으로라도 미리 체험하기를 권한다. 연예 기자가 적성에 맞는지 확인해야 하기 때문이다. 어렵게 시험에 통과해 입사하고도 그만두는 경우가 빈번하다. 다행히도 최근 연예 매체들 대부분이 인턴 기자제를 실시하고 있다. 보통 인턴 기간은 3~6개월이다. 정직원 채용 여부는 회사마다 다르다. 인턴 기자 외에도 언론사에서 모집하는 객원 기자(주로 TV나 영화평 등을 쓰는 활동), 블로그 기자단, 연예기획사의 모니터링 요원 등의 활동도 있다. 다시 한 번 말하지만, 연예 기자로서의 성공하려면 '적성'이 가장 중요하다. 일단 아마추어로서 경험해 볼 수 있는 곳을 찾아 충분히 경험해 본 후 도전할 것을 권한다.

 **RATINGS**

급여 수준

대기업 신입 사원에 미치지 못하는 곳도 많다.

취업 난이도

언론고시라는 말이 괜히 있는 게 아니다.

향후 전망

현재 한국의 엔터테인먼트 산업은 역동적이다. 그것을 다루는 언론 역시 니즈가 많을 수밖에.

업무 강도

정시 출근, 정시 퇴근을 꿈꾼다면 연예 기자를 꿈도 꾸지 마라.

업무 만족도

스타를 직접 보는 즐거움이라면 별 하나, 대중에게 오락과 위안을 주는 차원이라면 별 넷.

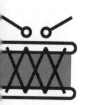

연예 직업의 발견

엔터테인먼트
콘텐츠 기획자

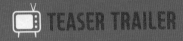
TEASER TRAILER

업무 개요	엔터테인먼트 관련 콘텐츠 기획, 제작
급여 수준	연봉 3,500만 원 • 로엔엔터테인먼트 초봉 기준
채용 방식	공개 채용 또는 수시 채용
요구 어학 능력	영어
유용한 제2외국어	일본어
우대 경력	엔터테인먼트 업계 경력

📺 PILOT PROGRAMME

엔터테인먼트 콘텐츠 기획자는 연예 콘텐츠를 유통할 수 있는 플랫폼이 급속도로 다변화하면서 크게 주목을 받는 직종이다. 이들은 네이버, 다음, 피키캐스트, 페이스북, 유튜브 등의 플랫폼에 엔터테인먼트 관련 콘텐츠를 기획 및 제작하여 게재하고, 이와 연관된 이벤트를 벌이는 일을 한다.

네이버나 다음처럼 모든 분야의 콘텐츠를 제공하는 서비스 기업이라면, 대중의 관심을 쉽게 끄는 소재를 다루는 엔터테인먼트 콘텐츠 기획자의 역할이 특히 중요하다. 예를 들어, 2015년 출시돼 큰 성공을 거둔 '네이버 V앱〔스타들의 콘텐츠를 생방송 또는 VOD 형태로 방송〕'의 경우, 이 서비스로 인해 네이버의 매출이 크게 올랐고, 해외까지 사업을 확장하는 계기를 마련했다고 한다.

엔터테인먼트 콘텐츠 기획자들이 일하는 양태는 소속 회사의 여건이나 지향점에 따라 천차만별이다. 사진과 텍스트가 버무려진 '카드뉴스' 형태의 연예 콘텐츠를 제작하기도 하고, 아예 방송국 PD처럼 프로그램을 기획하고 연출해 '웹 예능'이나 '웹 드라마'를 만들기도 한다. 한 발 더 나아가, 연예 기획사들과 협업해 플랫폼에 공개될 콘텐츠를 따로 제작하기도 한다. 예를 들어 '가수 XXX 컴백, 포털 사이트 XXX 독점 라이브 공개' 같은 콘텐츠들이 모두 콘텐츠 기획자들의 기획과 섭외를 통해 이뤄진다.

엔터테인먼트 콘텐츠 기획자로 일을 하려면 엔터테인먼트에 대한 관심이 '매우' 높아야 한다. 트렌드를 잘 좇을 줄 알고, 이를 콘텐츠에 즉각적으로 반영할 수 있는 재치도 필요하다. 최근 영상 콘텐츠가 대세인 만큼 기본적인 영상 제작 능력과 감각을 지니는 것도 필수다. 전문가 수준의 영상 제작 능력을 요하진 않지만 짧은 영상을 직접 만들어보거나 제작 과정을 익히는 노력은 필요하다. 하지만 콘텐츠를 다루는 모든 분야가 그렇듯이, 소비층의 심장을 꿰뚫을 수 있는 신선한 기획력, 그리고 이를 실행할 수 있는 네트워크는 엔터테인먼트 콘텐츠 기획자로서 장수할 수 있는 무기다.

현재 엔터테인먼트 콘텐츠 기획자들은 공개 채용과 수

시 채용을 통해 수급되고 있다. 경력은 물론, 신입 사원도 활발하게 뽑는 편이다. 다만 네이버, 다음처럼 대형 플랫폼의 경우에는 경력자가 많은 편이다. '멜론'을 운영하고 있는 로엔엔터테인먼트의 뉴미디어 부서에도 방송국, 뉴미디어 업계 출신들이 대다수다. 라디오나 음악 방송 PD들의 경우, 음악에 대한 이해도가 높고, 콘텐츠 제작 경험이 풍부하니 당연하다. 경력직은 수시 채용으로 주로 선발한다.

공개 채용을 통해 이 업계에 처음으로 발을 딛는 이라면, '자신만의 무기'를 보여주는 게 중요하다. 스펙이 화려한 지원자들이 점점 늘어나는 추세지만 중요한 것은 자신이 '무엇을 할 수 있는지'이기 때문이다. 피키캐스트의 경우, 대학을 졸업하지 않은 직원이 있을 정도로 철저하게 실력을 보기도 한다. 말하자면, 자신의 콘텐츠 기획 및 제작 감각을 증명할 수 있는 포트폴리오를 재미있게만 만들면 얼마든지 선발될 수 있는 분야가 바로 엔터테인먼트 콘텐츠 기획이다. 유튜브나 페이스북 채널 등 1인 미디어가 영향력을 발휘할 수 있는 플랫폼이 이미 마련되어 있으니, 자신의 콘텐츠로 기존 방송국 또는 뉴미디어와 한

번 경쟁을 해보겠다는 마음가짐을 갖는다면, 얼마든지
승산이 있다.

STAR

권석정 로엔엔터테인먼트 콘텐츠제작팀 PL

권석정 PL〔Project Leader〕은 엔터테인먼트 콘텐츠 기획 중에 서도 음악 콘텐츠 기획에 특화된 이다. 대학 시절에는 인 디 밴드 활동을 했고, 사회에 첫발을 디딜 때부터 지금까 지 10년 넘게 꾸준히 음악 전문가로 활동해오고 있다.

지금은 폐간되고 없어진 문화 예술 전문 인터넷 신 문 〈유니온프레스〉, 대중문화 전문 인터넷 신문 〈텐아시 아〉 기자를 거쳐, 피키캐스트 콘텐츠 기획자로 일하다가, 2016년 10월 로엔엔터테인먼트로 자리를 옮겨 음악 콘텐 츠 기획과 제작을 맡고 있다.

또,《대중음악 히치하이킹하기》(2015),《대중문화트렌 드 2017》(2016) 등을 집필하며 음악을 소재로 통찰력 넘 치는 글솜씨를 보여주는가 하면, '한국대중음악상'을 비 롯해 여러 음악상 심사위원으로도 활동 중이다.

다양한 경력을 거쳐 음악 콘텐츠 기획자로 일하고 있는

권석정 PL의 '직업인의 삶'을 들었다.

TIP 1. 음악을 잘 아는 것과 콘텐츠 기획은 다르다

권석정 PL은 현재 로엔엔터테인먼트에서 운영하는 국내 최대 음원 사이트 멜론, 그리고 유튜브와 페이스북 채널에서 운영 중인 '원더케이(1theK)'에 올릴 영상 콘텐츠를 기획하고 제작하는 일을 하고 있다. 전인권, 비, 지코, 박재범, 아이유, 악동뮤지션 등 쟁쟁한 뮤지션들을 인터뷰한 '좌표인터뷰', 그리고 음악 토크 예능 프로그램인 '오진차트'가 그의 작품이다. 최근에는 인기 곡 순위 100위권 밖에 있는 명곡을 소개하는 음악 예능 '차트 밖 1위'를 기획해 인디 그룹 '멜로망스'의 차트 역주행을 일으키는 등 화제를 모았다.

음악 전문 기자를 거쳐 주목받는 음악 콘텐츠 기획자가 된 데 대해 권 PL은 "타이밍이 좋았다"고 말한다. "피키캐스트가 한참 주목받은 시기가 2015년이었어요. 그때 뮤직팀장을 제안 받아 음악 콘텐츠 기획자라는 새로운 일을 시작했어요. 당시는 피키캐스트 뿐 아니라 유튜브 채널, 페이스북 페이지 같은 뉴미디어 플랫폼이 한참 커지기 시

작하던 시기였죠. 마침 스타들도 피키캐스트에 나오고 싶어 하는 타이밍이었어요. 기자 생활을 통해 쌓은 네트워크로 당시 아이돌 기획사들과 협업에서 스타 콘텐츠를 기획했고, 좋은 반응을 얻었어요. 라이브 가창 프로그램이나, 이른바 '움짤'을 재밌게 만드는 '짤짤짤'이라는 프로그램을 제작했고, 그 외 생방송도 많이 했어요."

뉴미디어 플랫폼의 힘을 실감한 것도 이때다. 2015년 가수 김준수가 피키캐스트를 통해 컴백 라이브를 최초로 공개했는데, 포털 사이트 실시간 검색어 1위를 차지하는 등 한동안 업계의 큰 이슈로 자리했다. 알다시피 당시 김준수가 속한 그룹 JYJ는 지상파 방송에 출연하지 못하고 있는 상태였다. 권 PL은 "'플랫폼의 다변화'란 말을 입버릇처럼 많이 하는데, 실제로 다변화하고 있다는 경험을 새삼 했을 뿐만 아니라, 대중에 회자돼 뿌듯했던 기억입니다"라고 말했다.

하지만 적응이 처음부터 쉬웠던 것은 아니었다. 음악을 누구보다 잘 안다고 자신했지만 '콘텐츠 기획과 제작'은 생소한 분야였다. 당시 권 PL은 새로운 콘텐츠를 만드는 방법을 처음부터 다시 배웠다고 한다. "피키캐스트에

| 가수 김준수는 권석정 PL이 피키캐스트 음악 콘텐츠 기획자로 재직할 당시 해당 사이트에서 컴백 라이브를 최초로 공개했다.

© 연합뉴스

는 20대 직원들이 많았어요. 콘텐츠 소비자 대다수가 10대 ~20대인만큼 그들의 감각을 배우는 것이 중요했죠. 어떤 콘텐츠를 좋아하고 소비하는지부터 소위 '짤 영상'이라고 부르는 짧은 영상을 직접 만드는 것까지, 이전의 글 기자 사고방식과 습관은 모두 버리고 새롭게 배워야 했습니다."

이후 콘텐츠 기획자로서 권 PL의 능력을 유심히 본 로엔엔터테인먼트가 이직을 제안했고, 2016년 10월부터 멜론에서 일하기 시작했다. "멜론에서 제가 처음으로 만든 음악 관련 콘텐츠가 가수 전인권 씨 인터뷰(2016년 12월 2일 게재)였어요. 당시 대통령 탄핵 국면 중 촛불집회에서 전인권 씨가 애국가를 불러서 큰 울림을 줬잖아요? 그 시점에 나온 인터뷰였어요. 전인권 씨 집에서 직접 인터뷰를 했는데요. 정치적인 발언이 들어 있어서 내부에서는 '음원 사이트인데 괜찮을까?'라는 걱정도 있었습니다. 하지만 인터뷰에 대한 반응을 보니 좋더라고요. 가슴 뿌듯하다기보다 '다행스럽다'라고 생각한 순간이었습니다."

TIP 2. 영상의 시대에 맞는 음악 콘텐츠 전달 방식 고민 필요

"어렸을 때 저의 꿈은 음악 잡지 기자였어요. 1990년대

▮2016년 11월 광화문 촛불집회에서 애국가를 불렀던 전인권.
멜론으로 이직한 권석정 PL의 첫 인터뷰 대상이었다. ⓒ 이영훈

학창 시절을 보낸 이들이 그렇듯, 음악을 접하게 된 통로가 〈핫뮤직(1990년부터 2008년까지 발행됐던 음악 전문지)〉 같은 음악 잡지였어요. 여기서는 당시에 다른 곳에서는 볼 수 없는, 따끈따끈하고 앞서 나가는 음악 정보를 볼 수 있었죠. TV 가요 프로그램에는 인기 가수만 나오는데, 이런 잡지에서는 소위 '트렌드 세터(Trend Setter)'들이 알 만한 정보가 많았어요. 음악에 대한 제 관심은 바로 이런 트렌디하고 독특한 정보에 대한 욕구에서 비롯된 것 같아요."

권 PL이 학창 시절에 대중음악 정보를 접했던 통로가 음악 잡지였다면, 요즘은 웹과 모바일이 주요 통로가 됐다. 독자들이 글을 읽는 호흡이 매우 짧아졌을 뿐만 아니라, 글보다는 영상을 더 선호하는 추세다. 콘텐츠를 포장해서 전달하는 방식이 근본적으로 달라져야 하는 걸 의미한다. 권 PL이 소위 '글쟁이'에서 '콘텐츠 기획자'로서의 변신을 마음먹은 배경이다.

"예를 들어 옛날에는 어떤 사람이 길을 걷다가 우스꽝스럽게 넘어지면, '누가 넘어져서 코가 깨졌어'라고 글로 쓰거나 말을 하겠죠. 미디어 환경이 바뀌면서 요즘은 직접 넘어지는 영상을 찍어 보내고, 그걸 본 사람들이 반응하고 영상이 확산되죠. 사람들이 점점 글도 잘 읽지 않고, 영상에 친숙해지면서 소통 방법이 달라졌어요. 상황이 이러니 저 또한 변화해야 한다고 느꼈어요. 실제로 20대 초중반 친구들에게 늘 물어봐요. 요즘 친구들이 무엇에 열광하고 뭘 좋아하는지를요."

하지만 권석정 PL은 직업의 외피만 바꾸었을 뿐, '음악 콘텐츠를 고민하고 전달하는' 본질이 달라진 것은 아니라고 말한다. "글 쓰는 사람에서 영상 기획자로 포지션이 바뀐 건데, 작은 틀에선 바뀌었지만 큰 틀은 그대로예요. 다만 영상으로 짧은 콘텐츠를 만들던 것이 확대돼 음악 예능 프로그램까지 만들게 되기는 했죠."

TIP 3. '마니아 기질'이 있다면 오케이

그렇다면 콘텐츠 기획자에게 가장 중요한 건 뭘까? 권 PL은 해당 분야를 '사랑하는 것'이라고 했다. "음악 콘텐츠 기획자라면 우선 음악을 많이 알아야 해요. 그런데 아는 것뿐만 아니라 사랑하는 게 중요하죠. 같은 콘텐츠를 만들어도 좋아하는 사람과 그렇지 않은 사람이 만든 것은 확연한 차이가 있어요."

권석정 PL의 '사랑론'은 공감이 가는 측면이 많다. 당장 남자친구 또는 여자친구의 사진을 한번 찍어 보시라. 감정이 눈곱만큼도 없는 친구를 찍을 때와는 확연히 다르다. 상대의 아름답고 예쁜 모습을 찍기 위해 기다리고, 또 기다리며 찰나를 잡으니 애정이 담길 수밖에 없다.

"예를 들어 볼까요? 어떤 콘텐츠를 만들 때 조회수가 폭발적인 것만이 중요하진 않아요. 선정적이고 자극적인 코드를 넣으면 조회수는 쭉쭉 올라갑니다. 그런데 해당 음악이 얼마나 좋고 가치가 있는가는 자신이 알아야 보이는 법이거든요."

그래서 권 PL은 음악 콘텐츠 기획 분야의 경우, 마니아 기질이 다분한 이가 훌륭한 콘텐츠를 만들어낸다고 믿는다. "자신이 기획한 콘텐츠가 음악 산업에도 도움이 되는 방향으로 만드는 게 필요해요. 단순히 '이 콘텐츠를 히트시키겠다'는 생각은, 소개하는 대상을 선정적으로 다뤄서 장기적으로는 망가뜨릴 수도 있어요. 그런 면에서 저는 시쳇말로 '덕후 기질'이 있는 사람들이 좋다고 생각해요. 단지 직업이 아니라 팬으로서도 좋아하는 마음이 기본적으로 있어야 좋거든요."

TIP 4. 트렌드와 대상의 매력을 읽을 수 있어야 한다

콘텐츠 기획자가 갖춰야할 능력은 뭘까? 권 PL은 무엇보다 '트렌드를 읽는 능력'을 꼽는다.

"나와 동시대 사람들이 뭘 좋아하는지를 파악하는 게 가장 중요해요. 저는 TV 예능 프로그램을 싫어하는데 트렌드를 파악하기 위해 다 봐요(웃음). 사람들이 왜 보는지, 왜 좋아하는지를 알아야 하니까요. 내가 만드는 콘텐츠도 결국 사람들이 좋아해야 해요. '어디서 본 것 같은데 뭔가 다르네'라는 새로운 반응을 이끌어 낼 수 있어야 하죠."

사실 트렌드를 놓치지 않고 있다는 자신감은 젊을수록 높다. 몸에 세월의 더께가 쌓일수록 어느 순간에는 트렌드를 좇는 것이 매우 피곤하다. 이 책을 읽는 독자인 당신이 10대이거나 20대라면 이해하지 못할 수도 있다. 하지만 시나브로 신체 나이가 정신의 나이를 따라가지 못하는 순간이 찾아온다. 이런 상황에서도 권석정 PL처럼 할 수 있다면, 콘텐츠 기획자로서 장수할 수 있다고 봐야 한다.

두 번째는 자신이 다루고자 하는 대상의 매력을 볼 수 있는 능력이다. "예를 들어 '이 아티스트는 얼굴은 못생겼지만 이런 매력이 넘쳐!'라고 판단할 수 있어야 한다는 의

미입니다. 이를 위해서는 남들보다 좀 더 빠르게 본질을
파악하는 능력이 필요해요. 이런 면은 단시간에 키워지진
않죠. 지속적인 훈련이 필요합니다."

TIP 5. 음악 콘텐츠 기획자의 미래, '맑음'

권석정 PL은 "인구 대비로 봤을 때 한국은 뮤지션이 굉장
히 많은 나라"라고 주장한다. 이전에는 '인디 뮤지션'까지
를 뮤지션의 범주로 봤다면, 요즘은 일반인들까지도 포함
할 수 있다는 것. 각종 서바이벌 프로그램을 통해 배출된
일반인 출신 뮤지션이 점점 늘어나고 있고, 자신의 연주
영상을 페이스북이나 유튜브에 올려 대중의 열광적인 호
응을 받는 일반인도 많다. 사실상 무한 경쟁 체제나 다름
없다.

누구나 뮤지션이 될 수 있기 때문에 오히려 자신의 음
악을 널리 알리지 못하는 아이러니가 발생한다. 기존의
TV 음악 방송과 라디오 방송의 문턱은 여전히 높고, 유튜
브나 페이스북에서 인기를 얻기란 그야말로 하늘의 별따
기다. 이에 대해 권 PL은 "대중음악을 소비하는 과정에서
음악 콘텐츠 기획자의 역할은 점점 중요해지고 있다"고

말한다. "뮤지션이 단순히 노래를 잘하고, 음악만 잘 만든다고 해서 홍보가 되기란 쉽지 않아요. '어떻게 포장하고, 소비하게 하느냐'가 중요하죠. 그래서 콘텐츠 기획을 잘해야 해요. 어떤 음악을, 어떻게 들을지, 잘 선별하는 기획자들의 역할이 중요해지고 있어요."

 **REVIEW**

엔터테인먼트 콘텐츠 기획자들은 다재다능하다. 새로운 콘텐츠 흐름에 대한 감각과 기획력, 섭외와 연출력을 갖고 있으면서도 상대적으로 방송사에 비해 턱없이 부족한 자본과 적은 인력으로 콘텐츠를 만들어낸다. 물론 이런 능력이 단시간에 쌓이는 것은 절대 아니다. 다양한 경험과 인맥, '호응을 얻는 콘텐츠'에 대한 감을 쌓는 게 중요하다.

신입 사원들의 강점도 분명히 존재한다. 이전의 콘텐츠에 대한 선입견이 없고, 오히려 신선한 시각에서 볼 수 있기 때문이다. 다른 말로 표현하면, '감각이 있다', '창의적이다'라고 판단되면, 선발 1순위가 된다는 말이기도 하다. 권석정 PL은 "이 분야는 공부를 잘하는 것보다 감각이 있는 게 훨씬 더 중요해요. 그걸 어떻게 증명할지를 잘 생각해보고, 일단 자신이 할 수 있는 뭔가를 만들어 보여주는 노력이 있어야 유리하겠죠"라고 말한다. 공부에 영 재주가 없는 이들에게는 단비와 같은 이야기다.

'엔터테인먼트', '기획'이라는 단어가 주는 이미지 때문에 '엔터테인먼트 콘텐츠 기획'이 '자유분방함의 끝판왕' 같은 느낌을 줄지도 모르겠다. 한 가지 확실히 해둘 게 있다. 창의성과 자유로움은 '생각'에 국한된 이야기다. 아직이 업계의 일하는 방식은 여느 회사와 다르지 않다. 아이디어를 모으고 기획안을 제출해 회의를 통해 해당 기획안이 통과되면 제작에 들어간다. 권 PL은 "콘텐츠 기획자들이 직업의 특성상 자유롭게 하고 싶은 대로 일할 거라고 생각하면 오산이에요. 작은 콘텐츠라도 아이디어 공유와 회의를 거쳐 세상에 나옵니다"라고 귀띔한다.

이 사소한 불편함을 감수할 수 있는가? 그렇다면 엔터테인먼트 콘텐츠 기획 분야에서 일하는 건 매우 매력적인 일이 될 것이다. 엔터테인먼트의 영향력이 확대되고, 스토리텔링에 대한 관심이 늘어나면서, 음악을 비롯한 다양한 엔터테인먼트 분야에서도 콘텐츠 기획자들에 대한 수요가 늘어날 것으로 보이기 때문이다. 본인의 관심 영역이 이에 해당하는지를 잘 살펴보기를 바란다. 돈 냄새를 잘 맡는 대기업들도 엔터테인먼트 산업에 큰 관심을 가지고 있어서 필자의 전망은 예측에만 그칠 것 같지는 않다.
당연히 콘텐츠 기획자들의 처우도 더욱 좋아질 것이다.

 **RATINGS**

급여 수준

대기업 신입 사원 연봉과 비슷하다.

취업 난이도

공개 채용은 여느 대기업 못지않게 치열하다. 특히 엔터테인먼트 업계에 대한 관심도가 높아지면서 경쟁률이 높아지고 있다.

향후 전망

음악 콘텐츠 기획자의 경우, 현재 한국 음악 산업의 주축일 만큼 전망도 밝다.

업무 강도

콘텐츠 업계 특성상 야근이 잦은 편이다.

업무 만족도

직접 만든 콘텐츠로 소통하고 새로운 기획을 끊임없이 낸다는 점에서 창의적인 과정을 좋아한다면 만족도는 더 높아질 것이다.

연예 직업의 발견

교수

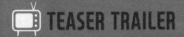 **TEASER TRAILER**

업무 개요	연예 산업 및 콘텐츠 연구, 학생 교육
급여 수준	조교수 평균 연봉 5,829만 4,000원 부교수 평균 연봉 7,625만 3,000원 · 2011년 동아방송예술대학교 기준 · 각종 수당, 급여 성격의 연구비 포함 · 교수 연봉은 대학, 직급, 경력에 따라 다름 · 자료 출처: 2011년 국정감사 자료
채용 방식	학과마다 교원의 필요에 따라 채용
자격증	석사 및 박사 학위
요구 어학 능력	영어
유용한 제2외국어	중국어, 일본어

📺 PILOT PROGRAMME

국내 예술 관련 학과는 크게 두 가지로 분류할 수 있다. '파인 아트(Fine Art)'라고 불리는 순수 예술을 다루는 분야 (미술, 클래식 음악, 연극 등)와 '팝 컬처(Pop Culture)'로 통칭되는 대중 예술을 다루는 분과(대중음악, 방송, 연예 매니지먼트, 콘서트 제작 등)가 그것이다.

대중 예술이 국내 대학에서 '학문' 및 '교육'의 대상으로 올라서게 된 것은 2000년대 중반부터다. K팝과 드라마를 위시로 하는 한류 열풍이 아시아와 중남미 지역으로 확산되는 것과 궤를 같이 한다. 대중음악과 드라마 자체는 물론, 이를 만들어내는 산업 구조에 대한 학문적 관심이 폭발했고, 동시에 이 분야를 선도적으로 이끌 인재가 급격히 필요로 하는 상황이 됐다.

특히 대중 예술을 산업적 차원에서 접근하려는 학문 분과는 그 성장세가 매우 두드러진다. 학부 차원에서는 '엔터테인먼트경영과', '연예매니지먼트과'라는 이름으로,

대학원 차원에서는 '문화콘텐츠학과'라는 명칭으로 다뤄지고 있는데, 학부의 경우 약 10여 개가 있다. 대학의 수요가 늘면서 연구와 교육을 담당해야 하는 교수진에 대한 수요도 점차 높아지고 있다.

이들 전공 분야는 모두 '실용' 또는 '현장성'을 핵심 가치로 두고 있다. 엔터테인먼트경영과의 경우, ▲연예매니지먼트 경영자 ▲음반 기획, 뮤직 프로듀서 ▲콘서트 대중 공연 기획자 등을 길러내는 교육에 집중한다. 교과목을 보면, 엔터테인먼트 경영론, 문화 콘텐츠 마케팅, 신인 개발과 디렉팅 실습, 무대 연출론 등 실무 교육이 대부분이다.

당연히 대학에서 찾는 교수도 실무 경험이 풍부한 이들이 될 수밖에 없다. 아카데미를 벗어난 적이 없는 연구자가 시대가 요구하는 현장성 넘치는 연구 결과물과 실용적인 교육 내용을 적절하게 제공하기란 쉽지 않다. 그래서 엔터테인먼트 관련 학과의 교수가 되기를 희망한다면, 연구자로서의 기본 능력을 갖춰야 하는 것은 물론이고, 실무 경험을 차근차근 쌓아야 한다.

STAR

심희철 동아방송예술대학교 교수

동아방송예술대학교 엔터테인먼트경영과의 심희철 교수는 일반적인 교수와는 다르다. 전공과 관련하여 '연구 활동'에 주력하는 교수들과 달리, 전공의 '활용'에 많은 신경을 쓴다. 실용을 중시하는 전문대학의 학풍, 그것도 예술대학이라는 특성 때문이기도 하겠지만, 심 교수의 지향점이 남다른 게 더욱 큰 이유다. 엔터테인먼트 산업 관련 학문이 상아탑에 갇혀 있으면 발전이 없다는 게 그의 소신이다. 2005년 '엔터테인먼트경영과'라는, 당시로서는 생소한 학과를 만들 때부터 산학협력을 중시한 그가, 'K팝 미래연구소' 설립, 대학생을 타깃으로 한 '캠퍼스 TV' 론칭 등 적극적인 대외 활동을 편 이유도 이런 생각의 발로다.

❚ 심희철 동아방송예술대학교 교수 ⓒ 오마이뉴스

TIP 1. 몸으로 꿈을 만나라

심희철 교수가 애초부터 '교수의 길'을 꿈꾼 것은 아니었다. 학창 시절 그가 막연하게 꿈꾼 건 배우나 연출자였다. 사실 소망만 품은 정도였다. 요즘처럼 마음만 먹으면 직업과 관련된 정보를 얻을 수 있는 세상이 아니었으니 사실 소망이 꿈으로만 그칠 가능성이 매우 컸다.

머릿속의 생각을 현실의 가능성으로 만든 건 그 자신이었다. 고등학생 때부터 방송반 활동을 열일 제쳐두고 했고, 학교 밖에서는 극단 생활을 했다. "제 고향이 부산이에요. 유명한 연극연출가이신 이윤택 씨가 부산에 계실 때, 그분이 계신 곳에서 극단 생활을 했습니다. 전국예술제에 나가서 수상도 했어요. 그러면서 자연스럽게 예술에 대한 꿈을 키웠어요. 연극영화과에 진학해 연극과 영화 연출을 배웠습니다."

'연극영화과 학생' 심희철은 대학이라는 공간에서 예비 연출자로서의 연습을 셀 수 없이 했다. 그리스 비극은 물론, 안톤 체호프 등의 유명 작가의 작품을 연극 무대에 올렸고, 미국 뮤지컬의 연출도 경험했다. 심 교수는 "음악과 무대를 알고, 무엇보다 작품을 이해하면서 인간을, 삶을 충분히 이해하는 데 도움이 됐던 시기"라고 자평한다.

하지만 대학 4학년이 되면서 인생의 기로에 선다. 동경 국제연극제에 남자 주연배우로 합류해 일본 공연을 마치고 돌아온 시점이었다. 전업 연극배우 또는 연출가로 살아가기에는 먹고사는 현실이 녹록하지 않다는 것을 처음으로 실감했다.

고민을 거듭한 끝에 그는 삶의 방향을 틀기로 한다. 영상 부전공을 선택한 것이다. 마침 한국의 1990년대는 본격적으로 영상의 시대로 접어들기 시작한 때였다. 심 교수의 결정은 적중했다. 1990년대 중반, 뮤직 비디오 감독으로 데뷔한 심 교수는 뮤직 비디오 1세대라고 할 수 있는 김건모, 박진영, 박지윤, 노이즈 등 당시 음원 차트 상위권을 휩쓴 가수들과 함께 일하는 행운을 거머쥔다. 이후 쇼 프로, 가요제 연출 등을 하면서 쇼 비즈니스(Show Business) 분야에 뛰어들었다.

"대학 시절에 순수 예술을 공부했다면, 졸업 이후에는 연예 기획과 영상 콘텐츠를 다루면서 자연스럽게 두 분야를 모두 섭렵할 수 있었어요. 특히 뮤직 비디오와 광고를 만들면서 방송사, 제작자, 연예 기획사들과도 소통하고,

또 여러 가지 다른 프로젝트도 진행했습니다. 자연스레 연예 기획에 관심을 갖는 계기가 됐죠."

TIP 2. 엔터테인먼트 학계의 변화를 읽고 도전

시대의 변화를 본능적으로 읽고, 자연스레 몸을 맡기자, 강단에 서는 기회가 찾아오기 시작했다. 1999년 MBC 방송 아카데미에서 최초로 매니지먼트 전임 과정을 개설하고, 심 교수에게 강의를 의뢰했다. 당시 심 교수의 나이가 스물아홉이었다. 지금으로서는 상상하기 어려운 이야기이고, 행운으로 치부될 수도 있는 상황이지만, 반대로 생각하면 탄탄한 현장 경험과 실력이 뒷받침되지 않았으면 불가능한 일이었다. 아카데미에서 심 교수의 강의 영역은 점점 넓어져갔다. CF 과정은 물론이고 탤런트 과정에까지 확장했고, 이후 몇 년간 강의를 맡았다.

심 교수는 이 과정에서 동국대학교에서 신문방송학 석사 학위를 취득하면서 학계 진출의 교두보를 마련했다. "몇 년간 아카데미 강의를 맡으면서 학생들을 가르치는 게 적성에도 잘 맞고 보람된 일이라는 판단이 들었어요. 당시만 해도 엔터테인먼트 관련한 학문에 대한 이해도가 대학에서는 거의 없던 터라 도전해볼 만하다는 생각도 들었죠. 그래서 일단 석사 학위를 따면서 차근차근 준비를 시작했습니다."

업계에서 이미 실무와 이론을 겸비한 이로 소문이 나자, 국내 모 대학의 연극영화과 겸임 교수 자리를 얻게 됐다. 이후 국내 엔터테인먼트 산업의 확장과 맞물려 학계에서도 인재 양성이라는 요구가 커지면서, 2005년에는 동아방송예술대학교 엔터테인먼트경영과 교수직을 제안받아 학과를 직접 만들기에 이른다.

TIP 3. 엔터테인먼트 학계에 필요한 '현장의 경험'

2005년 당시만 해도 생소한 '엔터테인먼트경영과'를 신설하는 미션은 결코 만만치 않았다. 예술학과 교수들 대부분이 순수 예술 전공자인데다, 그때까지만 해도 '대중예술'은 저급하다는 인식이 학계에 뿌리 깊게 박힌 탓이었다. "2000년대 중반까지도 순수 예술이 제일이라는 생각이 뿌리 깊어 엔터테인먼트 관련 학과를 만드는 게 상당한 도전이었어요."

심 교수는 주위의 편견을 의식하지 않고, 소신을 갖고

환경을 바꿔나갔다. "2005~2006년경에 현장의 수요가 높아지면서 '엔터테인먼트경영과' 또는 '매니지먼트학과'라는 이름의 엔터테인먼트 관련 학과가 생겨나던 때였습니다. 저는 무엇보다 현장에 바로 투입할 수 있는 인재를 양성해야겠다는 생각에 직접 기획사나 방송사를 돌며 PD, 기획사 임원 등 현장 인력들을 교수진으로 모셔 왔어요."

심 교수는 대중문화를 학문의 영역으로 끌어들여서 신학문으로서 체계를 마련해야겠다는 목표를 세우고 매진했다. 그것은 일종의 사명감이었다. 순수 예술계에서 여전히 배척받지만 대중문화의 저변은 크게 확대되고 있는 상황이었다. 그는 "교수로 재직하면서 K팝 미래연구소를 만들어 대중문화를 학문의 관점에서 바라보고 보편의 문화로 정착시켜야겠다는 생각을 했어요. 이 과정에서 정부기관의 자문에 응하면서 2014년 대중문화산업발전법이 생기는 데도 기여했지요."

그에게 엔터테인먼트경영학의 가치는 '시장에서의 효용성'에 있다. "제가 생각하는 엔터테인먼트경영학은 현장과의 지속적인 교류가 핵심입니다. 이 때문에 방송사

자문위원이나 엔터테인먼트 기업의 컨설팅 활동 등을 병행하죠. 대학에서는 이를 학문의 측면에서 체계화하는 데 주력하고요. 양쪽을 이어주는 가교 역할도 하고 있어요."

이처럼 학계와 현장을 잇는 활동 중에 가장 보람 있는 순간은 학생들이 자신의 길을 찾아갈 때라고 말한다. "순수 예술을 공부하다 와서 방황하고 힘들어하는 학생이 있었어요. 순수 예술을 배신한다는 생각에 혼란을 겪었고, 학문적으로도 맞는지를 많이 고민하던 친구였는데, 음반을 기획하는 A&R(Artist and Repertoire, 아티스트의 발굴, 계약, 육성과 그 아티스트에 맞는 곡을 제작하는 음반 회사 업무) 분야에 관심을 갖고 있더라고요. 우여곡절 끝에 그 친구가 국내 굴지의 음반기획사에서 입사해 일하고 있는데, 그런 모습을 볼 때마다 큰 보람이 됩니다. 벌써 졸업생 중 50여 명 이상이 SM, YG 등 국내 유명 엔터테인먼트 기획사에 근무하고 있어요. 그런 점이 가장 뿌듯해요."

TIP 4. '그래도' 석사 및 박사 학위를 준비하라

엔터테인먼트 관련 학과 교수가 되기 위해서는 타 전공이 그렇듯 석사와 박사 학위의 절차를 밟아야 할까? 심 교수

┃심희철 교수는 방탄소년단과 같은 한류 콘텐츠를 만들어낸 경험이
현재 엔터테인먼트 관련 학과 교수직에 꼭 필요하다고 말한다. ⓒ 이영훈

는 "꼭 그렇진 않지만 학위를 받는 것이 유리하다"고 조언한다.

엔터테인먼트 관련 학과 교수는 '현장 출신의 초빙 교수'와 '전통적인 학위를 받고 임용된 교수'로 구분된다. 최근에는 대학 측에서 현장 경험이 풍부한 교수를 선호하는 추세다. "엔터테인먼트 관련 학과도 대학의 일부분이기 때문에 학문적 기반을 중요시하지만, 실용적이고 기능적인 학문이 돼야 해요. 두 마리 토끼를 잡아야 한다는 의미입니다. 가수와 같은 아티스트 출신이라면 학위 획득 여부에 상관없이 실용음악과 교수가 될 수 있고, 엔터테인먼트 비즈니스 인력 양성에 관심이 많다면 석사나 박사 학위를 취득하는 것이 유리해요."

사실 국내 대학에 설립된 문화콘텐츠학, 엔터테인먼트 경영학 등 엔터테인먼트 관련 학과는 최근에야 박사 과정을 신설했다. 심 교수 또한 비즈니스 기반 문화 콘텐츠로 박사 학위를 받은 1호 교수다. 심 교수는 "현장 경험이 많은 교수를 대학에서 점점 선호하는 분위기입니다. 현재는 학자 출신 교수들이 많지만 점차 현장의 인력을 채용하려는 흐름이 많아지고 있어요"라고 설명한다. 즉, 현장의 스페셜리스트 경험을 살려 교수가 되는 방법이 더 보편화하고 있다는 얘기다.

 **REVIEW**

1990년대까지만 해도 교수는 안정과 여유의 상징이었다. 어느 정도 품위를 유지할 수 있는 급여가 나오고, 임용만 되면 연구 실적과 상관없이 정년이 보장된 것이나 다름이 없었으니 시간 여유도 많았다.

하지만 2000년대에 접어들면서 이런 호시절은 사라지기 시작했다. 교수직은 한정되어 있고, 박사학위 소지자들은 넘쳐났다. 학생 취업률이 높고, 연구비를 많이 획득할 수 있는 전공은 그나마 괜찮았지만, 그 외 전공의 경우 학과 통합 또는 폐과가 되어 교수직 자체가 위태로운 상황이 벌어졌다.

더구나 최근 인구 감소의 가시화는 교수 사회의 위기에 결정타가 됐다. 학령 인구가 줄어들자 재정이 취약한 사학 재단부터 흔들리고 있다. 지방 사립대와 전문대가 1차 타격을 입은 건 이미 오래 전이고, 이제는 대학을 폐교하는 대학 구조 조정이 실현될 판이다. 교수직을 얻기가 시간이 갈수록 더욱 힘들어지는 건 당연하다. 대학 교수의 일자리를 10년 동안 추적 조사한 어느 기자는 "현재 교수 채용은 암흑기다"라고 말할 정도다.

그렇다보니 교수의 신분도 예전 같지 않다. 어렵게 채용이 되어도 정년 보장은 옛말이고, 대부분 계약직 신분이다. 짧게는 10년, 길게는 20년 가까이 공부하고 박사학위를 받아도, 몇 년 후의 운명을 알 수 없는 계약직 신분이 될 수 있다는 이야기다.

그러나 엔터테인먼트 업계의 상황은 조금 다르다. 국내 엔터테인먼트 산업은 2000년대부터 새로운 콘텐츠의 개발과 수출에 힘입어 꾸준히 성장했기 때문이다. 대내외의 경기 둔화에도 불구하고 콘텐츠 산업 매출액은 2010년 72조 원대에서 2016년 105조 원대로 크게 성장했고(한국콘텐츠진흥원 '2017 콘텐츠산업통계조사'), 증가세는 계속될 것으로 보인다. 어느 분야든 돈이 몰리는 곳에 고용 역시 따라오는 법이고, 이에 발맞춰 대학 역시 그에 맞춤한 인재를 양성해야 한다. 심희철 교수는 "현장에서는 이제 다양한 콘텐츠를 기획 제작하고 이를 통해 기업을 만들고 글로벌 네트워크도 쌓아가는, 멀티플레이어 자질을 가진 인재에 대한 수요가 늘고 있어요. 때문에 이를 학문적으로 체계화하고 인재를 양성해내는 학교의 역할은 더욱 커질 수밖에 없습니다"라고 말한다.

심희철 교수는 "앞으로 5년 내에 엔터테인먼트경영과 같은 학문은 크게 늘어날 것이다"라고 전망하고 있다. 관건은 한류의 지속성이다.

이 책을 읽는 독자가 이미 엔터테인먼트 업계에서 경험을 많이 쌓은 상태고, 심지어 학위까지 보유한 상황이라면, 현재 엔터테인먼트 관련 전공 교수직이 활짝 열린 상태이니 임용되는 데는 전혀 문제가 없을 것이다. 하지만 대학이 요구하는 채용 조건을 갖추기까지 5년 이상 걸리는 상황이라면, 교수가 되는 걸 조심스럽게 재고하기를 바란다. 이미 그때는 교수 시장의 문이 닫혀 가거나, 어쩌면 이미 닫혀 있을 지도 모른다.

심희철 교수처럼 대중 예술이 하나의 학문 체계로 우뚝 설 수 있도록 많은 연구자가 나오기를 기대한다. 교수직이 주는 안정감과 은퇴 후 사학연금의 혜택은, '잿밥'에 관심 많은 이들이 아니라, 어떤 상황에서도 우직하게 연구하고 교육하는 이들에게 돌아가야 한다.

 **RATINGS**

급여 수준

정규직 교수가 되면 상대적으로 안정적인 급여를 받지만, 대학 재정과 직위에 따라 차이가 있다.

취업 난이도

박사 학위를 획득하고 현장 경험이 있다고 누구나 교수가 될 수 있는 것은 아니다.

향후 전망

엔터테인먼트 관련 학과는 점점 늘어나고 있는 추세다. 하지만 교수직이 무한정 계속 늘어나지는 않을 것이다.

업무 강도

엔터테인먼트 업계 다른 직군에 비해 업무 강도가 세지는 않다. 하지만 교수가 여유 시간이 많다는 건 옛말이다.

업무 만족도

후학을 양성하는 데 의미를 두고 있다면 만족감은 더 늘어날 수 있다.